두뇌놀이 100개!

숨은 그림 찾기, 다른 그림 찾기 등

재밌겠다

소확행을 찾는 사람들 기획

Raspberry 라즈베리

1단계 (난이도 下) 1~20번　2단계 (난이도 下, 中) 21~40번　3단계 (난이도 中) 41~60번　4단계 (난이도 中, 中上) 61~80번
5단계 (난이도 中上 , 上) 81~100번으로 되어 있습니다.

같은 그림자 찾기

보기에 제시된 그림의 그림자를 찾아 번호를 쓰는 문제예요. 확실히 아니라고 판단된 그림에 X 표시를 해 두면 점점 선택 범위가 줄어들겠죠? 관찰력, 집중력, 직관력에 도움을 줘요.

속담 다른 그림 찾기

두 그림을 보고 서로 다른 5곳을 찾는 문제예요. 속담도 배우고 다른 그림도 찾고! 꿩 먹고 알 먹고, 일석이조! 관찰력, 집중력, 형태 지각 능력을 높여줘요.

연중행사, 일상생활 같은 그림 찾기

보기와 같은 그림 1개를 찾아 그 번호를 쓰는 문제예요. 연중행사도 알아보고 일상에 관한 이야기도 나눠볼 수 있어요! 관찰력, 집중력, 형태 지각 능력을 높여줘요.

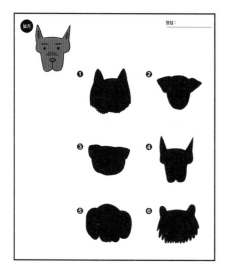

반전된 그림에서 다른 그림 찾기

거울에 비친 모습처럼 반전된 그림에서 다른 그림을 5군데 찾는 문제예요. 반전된 그림이라 좀 더 머리를 써야겠죠? 관찰력, 집중력, 공간 지각 능력을 높여줘요.

숨은 그림 찾기

복잡한 그림 속에 숨겨진 보기의 그림을 찾는 문제예요. 처음에는 어지럽다가 가만 보고 있으면 하나 둘 보일 거예요. 관찰력, 집중력, 형태 지각 능력을 높여줘요.

사진 기억하고 문제 풀기

주어진 시간 동안 사진을 잘 보고 뒷장에 있는 문제를 푸는 문제예요. 머리에 사진을 찍는다는 기분으로 봐 주세요. 주어진 시간은 1~2단계 1분, 3~4단계 30초, 5단계 20초예요. 관찰력, 기억력, 순발력, 직관력, 눈썰미까지 키워 줘요.

돈 세기

돈이 얼마인지 세어서 금액을 적는 문제예요. 집중력, 순발력, 인지력을 높여줘요.

미로 찾기

여행을 떠나듯 미로를 찾아가는 게임이에요. 처음부터 볼펜을 들고 그리면서 시작하는 것보다는 눈으로 먼저 찾아가 보는 것이 좋아요. 계획적인 사고를 할 수 있게 도와 줘요. 집중력, 창의적 사고력, 공간 지각 능력도 높여줘요.

점 잇기

1부터 번호를 따라 가면서 점을 이어 그림을 완성하는 점 잇기 문제예요. 점을 다 이으면 무슨 그림이 완성될까요? 두근두근! 집중력, 근육 발달을 도와줘요.

도형 맞추기

문제를 보고 보기의 도형에서 골라 예시와 같이 가나다 번호를 적는 도형 맞추기 게임이에요. 형태 지각 능력을 키워주죠. 집중력, 창의적 사고력, 공간 지각 능력을 높여줘요.

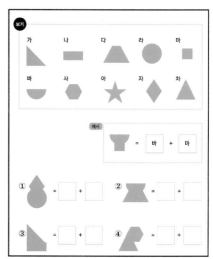

수학 퍼즐 스도쿠

가로, 세로 9칸씩 총 81칸의 표에 1~9까지의 숫자를 배열하는 퍼즐이에요. 미국 건축가인 하워드 간즈가 스위스 레온하르트 오일러가 만든 라틴방진을 활용해 '넘버 플레이스'라는 제목으로 퍼즐잡지 '델리'에 실은 것이 스도쿠의 시초래요. 그후 1984년 일본의 한 퍼즐잡지회사에서 숫자를 한 번씩만 써야 한다는 뜻의 스도쿠라는 이름을 붙여 상품화하면서 전세계에 알려지기 시작했다네요. 스도쿠 문제는 직관력, 집중력, 논리력, 창의적 사고력에 도움을 줘요.

문제 푸는 방법
❶ 세로로 본다 → 1에서 9사이의 수가 겹치지 않게 넣는다.
❷ 가로로 본다 → 1에서 9사이의 수가 겹치지 않게 넣는다.
❸ 박스로 본다 → 1에서 9사이의 수가 겹치지 않게 넣는다.

	3		4		9	2		8
7	8	2	1	3		6		9
4		9	2		8		3	5
3	2			4	6	8	9	
8		4	9	1	3		2	6
	9	6	8	2		4	1	3
9		7	6		2	3	8	
	4	3	7		1		5	2
2	5			9	4	7		1

색깔 빨리 읽기

색깔의 이름을 정확한 발음으로 빨리 읽어보는 문제예요. 색깔과 글씨가 다르게 되어 있는 곳도 있어서 머리를 한 번 더 써야 해요. 발음 연습, 순발력에 도움을 줘요.

검 초 노 빨 초 검 파 빨
빨 파 노 검 초 빨 파 초
검 빨 초 파 노 빨 파 초
초 초 노 검 초 검 검 노
노 파 빨 초 노 초 초 검
노 검 노 검 노 빨 파 초
검 검 파 초 검 검 노 검
노 초 노 검 초 파 파 노
검 검 노 검 초 노 파 초
빨 검 노 검 초 빨 파 초

숨은 숫자 찾아내기

나열된 숫자들을 보고 보기의 숫자를 찾아내는 문제예요.

문제 푸는 방법
가로, 세로, 대각선, 바로, 거꾸로 모든 방향으로 숫자를 찾는다.

잘못된 글씨 찾기

색이 잘못 칠해진 글씨를 찾는 게임이에요. '검(검정색)'인데 초록색이라든지 '빨(빨간색)'인데 파란색이라든지, 색과 글자가 잘못되어 있는 글자를 찾으면 되는 거예요. 순발력, 머리 회전에 도움을 줘요.

파 파 노 빨 빨 검 빨 검 파
노 검 초 검 검 초 초 검
초 초 검 초 검 노 노 빨
노 파 초 검 빨 초 검 빨
초 초 파 검 빨 초 초 검
초 초 검 빨 빨 검 노 검
노 빨 검 초 파 검 빨 초
초 초 검 초 빨 초 빨 검
파 파 노 빨 빨 검 파 파
노 검 초 검 검 초 초 검
빨 초 초 노 노 파 빨 초

3	2	5	7	8	9	0	3	2	1	4
6	8	5	0	3	6	9	3	5	3	9
5	9	3	3	1	2	4	6	9	8	2
3	1	6	1	3	5	8	3	2	9	3
3	9	3	5	7	8	0	1	8	6	3
1	0	3	2	3	5	0	2	4	9	3
8	3	4	0	3	7	5	3	0	3	6
3	7	8	3	1	7	4	8	0	3	7
0	1	2	3	4	5	6	7	8	9	

예시
3569

보기
0510
0375
8133
3643
2592
5433
3098

귀 모양이 다르지는 않나요? 수염의 길이는요? 확실히 아니라고 판단된 그림에 X 표시를 해 두면 점점 선택 범위가 줄어들겠죠?
빨리 찾은 사람은 수수께끼를 풀어 보세요. 정답을 봤는데도 웃기지 않으면 소리 내서 문제와 답을 읽어 보세요.

◎ 개미네 집 주소는?
◎ 수학책을 난로 위에 놓으면 뭐가 될까?

정답: 허리도 가늘군 만지면 부러지리
정답: 수학익힘책

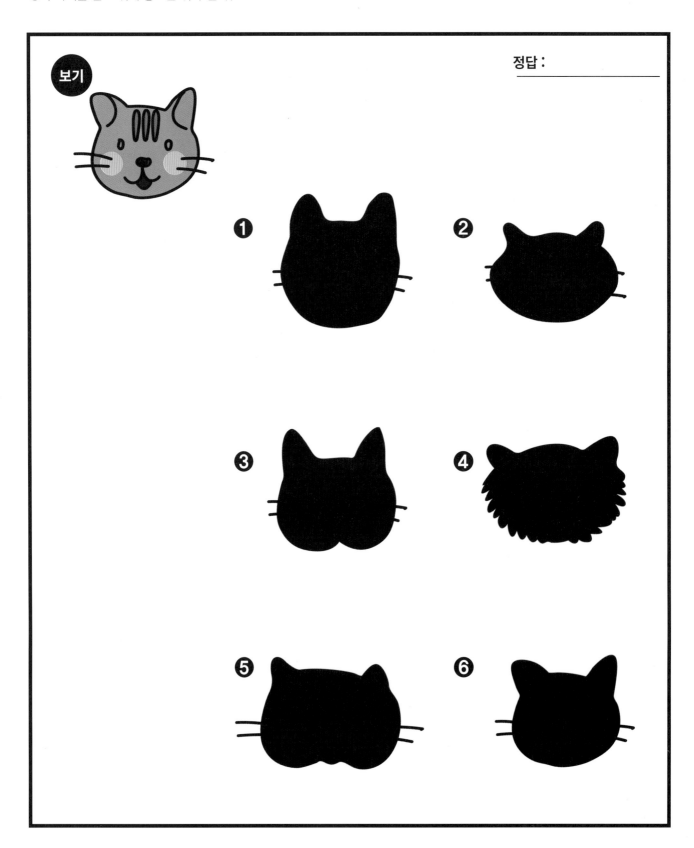

같은 그림자 찾기

😀 보기와 같은 멍멍이 그림자를 찾아 그 번호를 쓰세요.

◯ 월 ◯ 일

🕐 풀이시간 5분

두 번째는 좀 쉽죠? 그래도 힌트가 필요하신 분은 얼굴 형태를 한번 자세히 보세요. 빨리 찾은 사람은 수수께끼를 풀어 보세요. 웃을 기회는 많이 만들수록 좋아요.

◎ 물로 고양이를 만들면?

◎ 손가락은 영어로 핑거? 주먹은 영어로?

정답: 물로켓

정답: 오므린거

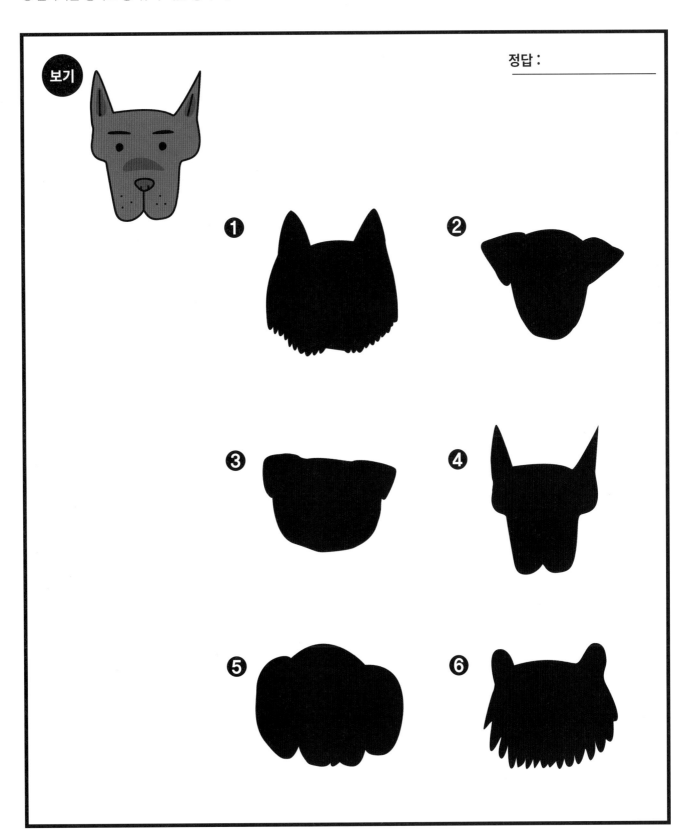

정답 :

같은 사람 찾기

보기와 같이 한 팔을 뻗고 수영하는 사람을 찾아보세요.

보기

문제를 푼 후에는 가족과 함께 수영장에 갔을 때의 이야기를 한번 나눠 보면 어때요? 빨리 찾은 사람은 수수께끼를 풀어 보세요. 오늘은 안 웃겨도 다른 날 보면 빵 터질 수 있어요.

◎ 많이 맞으면 좋은 것은?   정답: 시험문제
◎ 100 곱하기 100 곱하기를 계속하면?   정답: 배꼽에서 피 난다

※100 곱하기(빨리 말하면 배꼽파기)

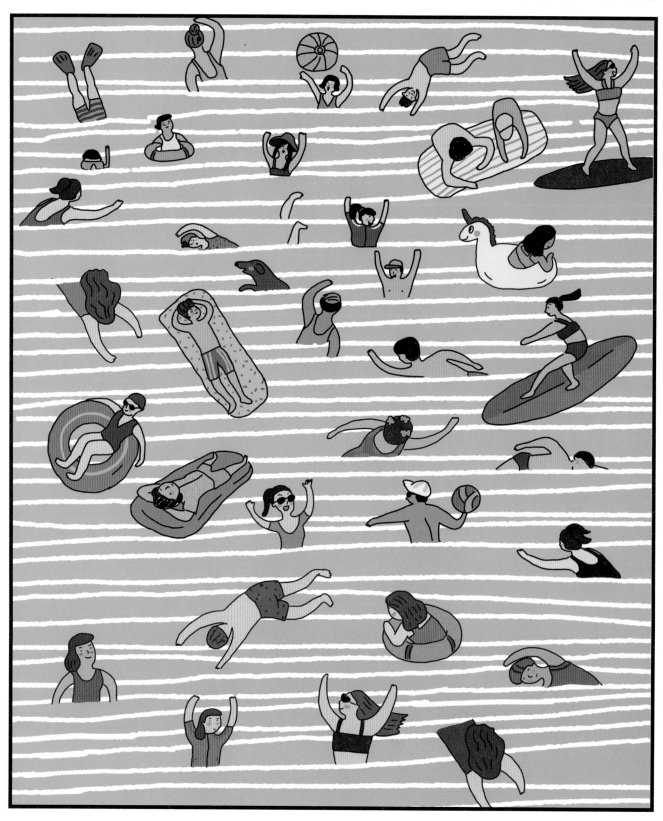

두 그림을 보고 서로 다른 5곳을 찾아보세요.

'까마귀 날자 배 떨어진다'는 아무 상관도 없는 일이 공교롭게도 동시에 일어나 어떤 관계가 있는 것처럼 의심을 받게 된다는 말이에요. 사자성어로는 오비이락(烏飛梨落 까마귀 오, 날 비, 배나무 리, 떨어질 락)이에요. 애초에 남의 오해를 살 일을 해서는 안 된다는 뜻이죠. 예를 들어 꼬마 앞을 지나는데 갑자기 꼬마가 울어 마치 자기가 꼬마를 울린 것처럼 됐다면, 이때 '오비이락과 같은 상황이 벌어졌다'라고 해요.

속담 다른 그림 찾기

두 그림을 보고 서로 다른 5곳을 찾아보세요.

풀이시간 5분

'닭 잡아 먹고 오리발 내민다'는 자신이 저지른 나쁜 일이 들통나게 되자 서투른 수단으로 남을 속이려고 하는 것을 말해요. 오리발에는 물갈퀴가 있지만, 닭발에는 없지요. 닭을 몰래 훔쳐서 잡아먹었는데 들키자 닭발 대신 어디서 구했는지 모를 오리발을 내밀며 "이거 봐라! 내가 먹은 것은 닭이 아니라 오리다. 따라서 나는 닭을 잡아먹은 범인이 아니다."라고 우기는 것이에요. 어떤 일을 하고도 안 한 척 시치미를 뗄 때 써요.

흔히들 '낚시는 고기를 잡는 게 아니라 인생을 잡는 것이다'라고 하죠. 잠자코 기다리면 운은 누구에게든 찾아온다고요. 그 운을 자기 것으로 만드는 것은 '실력이다'라고도요. 결국 실력을 쌓고 기다리고 있으면 운이 찾아왔을 때 바로 자기 것으로 만들 수 있다는 말이죠.《인생의 어느 순간에는 반드시 낚시를 해야 할 때가 온다》. 베테랑 낚시꾼이자 심리학자인 폴 퀸네트의 책 제목이 오늘 하루를 어떻게 살아야 할지 방향을 제시해 주는 느낌이 드네요.

앞장의 사진을 떠올리며 맞는 쪽에 동그라미 표시하세요.

① 할아버지 앞에 서 있는 아이는 운동화를 신고 있다. (그렇다 아니다)

② 할아버지는 모자와 선글라스를 쓰고 있다. (그렇다 아니다)

③ 아이가 들고 있는 것은 물고기가 잡힌 낚싯대다. (그렇다 아니다)

1단계 7 수학 퍼즐 스도쿠

○월 ○일

1에서 9까지의 숫자를 겹치지 않게 넣으세요.

풀이시간 30분

스도쿠의 문제풀이 방법은 p.3에 있습니다. 가로줄, 세로줄, 작은 박스 안에 1에서부터 9까지의 숫자를 겹치지 않게 넣으면 되는 거예요. 스도쿠 문제는 문제를 풀 때 우뇌와 좌뇌를 동시에 써야 해서 두뇌개발놀이로 사랑받는 게임이에요. 직관력, 집중력, 논리력, 창의적 사고력에 좋다고 하네요.

	3		4		9	2		8
7	8	2	1	3		6		9
4		9	2		8		3	5
3	2			4	6	8	9	
8		4	9	1	3		2	6
	9	6	8	2		4	1	3
9		7	6		2	3	8	
	4	3	7		1		5	2
2	5			9	4	7		1

1분간 한식 반찬 사진을 머릿속에 사진을 찍어 둔다는 기분으로 봐 주세요. 반찬의 종류는 어떤 것이 있나요? 콩나물의 위치는 어디에 있나요? 옛말에 '밥상머리 교육'이라는 말이 있죠. 가족이 모여 밥을 먹으면서 대화하고 공감하는 가운데 인성 발달, 언어 발달, 사회성까지도 키워준다는 말이에요. 같이 먹는 행위가 단순히 영양을 채워주는 시간 이상의 역할을 한다는 것이 많은 논문을 통해 밝혀졌다고 해요.

1
단
계

2
단
계

3
단
계

4
단
계

5
단
계

11

앞장의 사진을 떠올리며 맞는 쪽에 동그라미 표시하세요.

① 반찬 중에 오이소박이가 있었다. (그렇다 아니다)

② 콩나물 위쪽에 깍두기가 있었다. (그렇다 아니다)

③ 반찬 중에 호박무침이 있었다. (그렇다 아니다)

1단계 9 수학 퍼즐 스도쿠

○월 ○일

🕐 풀이시간 30분

😊 1에서부터 9까지의 숫자를 겹치지 않게 넣으세요.

금방은 안 웃겨도 몇 분 후에 빵 터질 수 있는 수수께끼예요. 문제를 풀다가 모르겠다 싶을 때 풀어 보세요. 답이 이해가 안 가면 소리 내서 읽어 보세요.

◎ 정삼각형 동생의 이름은?　　　　　　　　　　정답: 정삼각

◎ 할아버지가 좋아하는 돈은?　　　　　　　　　정답: 할머니

	2		6	1	4	8		3
1		6	5		3	9	4	2
5	3	4	8		2	1	6	
	9	2	4	5		3	1	8
3	7		1		6	4	9	
4		5	3	8	9		2	6
2		3	9	6		5		1
8	5		2		1	6	3	
	6	1		3		2		4

연중행사 같은 그림 찾기

○월 ○일

 보기와 같은 그림 1개를 찾아 그 번호를 쓰세요.

🕐 풀이시간 5분

추석을 지내기 위해 둥근 달나라 계수나무 아래에서 토끼랑 떡방아를 찧고 있네요. 떡방아를 찧는 막대기 모양의 도구는 절굿공이라고 해요. 추석은 음력 8월 15일로, 한가위, 가배일, 중추절, 중추가절이라고 하죠. '한'이라는 말은 '크다'라는 뜻이고, '가위'라는 말은 '가운데'라는 뜻을 가진 옛말이에요. 한가위란 8월의 한가운데에 있는 큰 날이라는 뜻입니다.

정답 : _____

연중행사 같은 그림 찾기

보기와 같은 그림 1개를 찾아 그 번호를 쓰세요.

풀이시간 5분

설날은 한 해의 시작인 음력 정월 초하루를 일컫는 말로 설이라고도 해요. 가족들이 옹기종기 모여서 맛있는 음식을 나누고 오랫동안 쌓인 묵은 대화도 즐기면서 윷놀이도 하며 가족의 정을 나누는 날이죠. 우리나라 민속놀이 윷놀이는 작고 둥근 통나무 두 개를 반씩 쪼개어 네 쪽으로 만든 윷으로 도, 개, 걸, 윷, 모의 다섯 등급을 만들어 승부를 겨루는 놀이예요. 이번 설에는 윷, 말, 말판을 준비해서 가족과 함께 윷놀이 타임 어떠세요?

정답 : _____

돈 세기

😊 돈이 얼마인지 세어 그 금액을 쓰세요.

우리나라에서 돈을 제일 많이 버는 직업은 기업 고위 임원(CEO), 국회의원, 도선사, 성형외과 의사, 항공기 조종사, 변호사… 순이라고 하네요. 도선사는 도선법에 따라 일정한 지역에서 배들을 안전하게 수로로 인도하는 자격을 가진 사람을 말해요. 바다 위의 파일럿(pilot)이라고도 하죠. 도선사는 다른 직업에 비해 높은 연봉과 자신만의 기술을 터득할 수 있어서 유망직종으로 각광받고 있다고 하네요.

① 금액 _____ 원

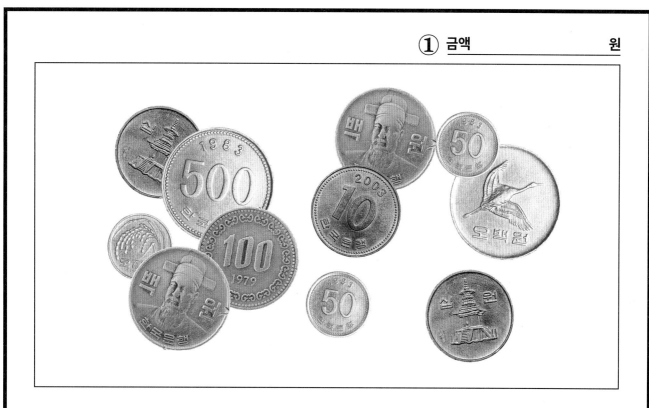

② 금액 _____ 원

미로 찾기

개미와 함께 옥수수 탐험을 떠나 보세요.

처음부터 펜을 들지 말고 눈으로 먼저 길을 찾아보세요. 미로 찾기는 계획 세우는 데 도움을 줘요.

삶은 옥수수 1개는 약 200~300칼로리라고 해요. 가벼운 간식이 아니라 한 끼 식사용으로 충분한 양이지요. 개미에게는 1년 분 식량일 수도 있고요. 요즘 미니멀 라이프가 대세인데요, 물건만 미니멀하게 필요한 것만 취할 게 아니라 음식도 미니멀하게 섭취해야겠다는 게 요즘 다이어트를 하면서 느끼는 점입니다. 많이 먹어도 봤으니 이제 좀 필요한 양만 적당하게 먹고 건강하게 살아야겠다는….

14 점 잇기

1단계 14

😊 1번부터 40번까지 번호를 따라가며 점을 이어 보세요.

○월 ○일

🕐 풀이시간 5분

유튜브에서 ASMR 영상이 큰 인기를 얻고 있죠. ASMR이란 Autonomous Sensory Meridian Response의 약자로, 자율감각쾌락 반응이라는 뜻이에요. 주변의 흔한 소음들을 통해 청각에 자극을 줘서 정신적인 안정을 주는 작용을 한다고 합니다. 하지만 역시 소리 중 으뜸은 새소리, 바람에 흔들리는 나뭇가지소리, 빗소리, 흘러내리는 강물소리… 이런 자연의 소리죠. 자연의 소리를 자연에서 직접 듣는 것만큼 행복한 시간은 없을 거예요. 오늘은 바쁜 일상을 벗어나 가족 손 잡고 둘레길 한 바퀴 휙~ 어떠세요?

미로 찾기

 고양이와 함께 실타래 탐험을 떠나 보세요.

고양이는 눈을 똑바로 쳐다 보면 공격한다는 의미로 받아들인다고 하죠? 눈을 천천히 깜박깜박해주면 경계를 풀고 친해지기 쉽답니다. 또 배를 내놓고 눕는 행동은 상대를 믿는다는 신호라고 하네요. 하지만 조금 친해졌다고 함부로 배를 만지면 안 된대요. 일단은 머리부터 쓰다듬어 주세요.

점 잇기

번호를 따라가며 점을 이어 보세요. 점을 이으면 무슨 그림이 완성될까요?

◯ 월 ◯ 일

⏱ 풀이시간 5분

그림책의 고전 《눈사람 아저씨》는 소년과 눈사람의 우정을 다룬 그림책이에요. 점 잇기를 정성껏 완성하면 눈 오는 날 밤, 눈사람 친구가 다녀갈지도 모르겠네요. 옆에서 기다리고 있는 분은 수수께끼를 풀어 보세요. 지금은 안 웃겨도 몇 분 후에 빵 터질 수 있어요.

◎ 엄마가 길을 잃으면?

정답: 맘마미아

◎ 짱구랑 오징어랑 다른 점은?

정답: 오징어는 말릴 수 있는데 짱구는 못 말린다

1
단
계

2
단
계

3
단
계

4
단
계

5
단
계

숨은 그림 찾기

 월 ◯ 일

😊 펭귄 사이에 숨어 있는 돌고래 친구 6마리를 찾아보세요.

🕐 풀이시간 5분

돌고래가 나오는 영화 〈프리 윌리(Free Willy)〉가 생각나네요. 〈프리 윌리〉는 범고래와 소년의 우정을 다룬 영화예요. 소년 제시의 손동작을 보고 범고래 윌리가 방파제를 뛰어 넘는 장면이 명장면이었죠. 오늘은 가족과 함께 〈프리 윌리〉를 감상해 보는 건 어떠세요? 참고로 범고래는 돌고래의 일종으로 세계의 바다를 지배하는 최고의 포식자라고 합니다.

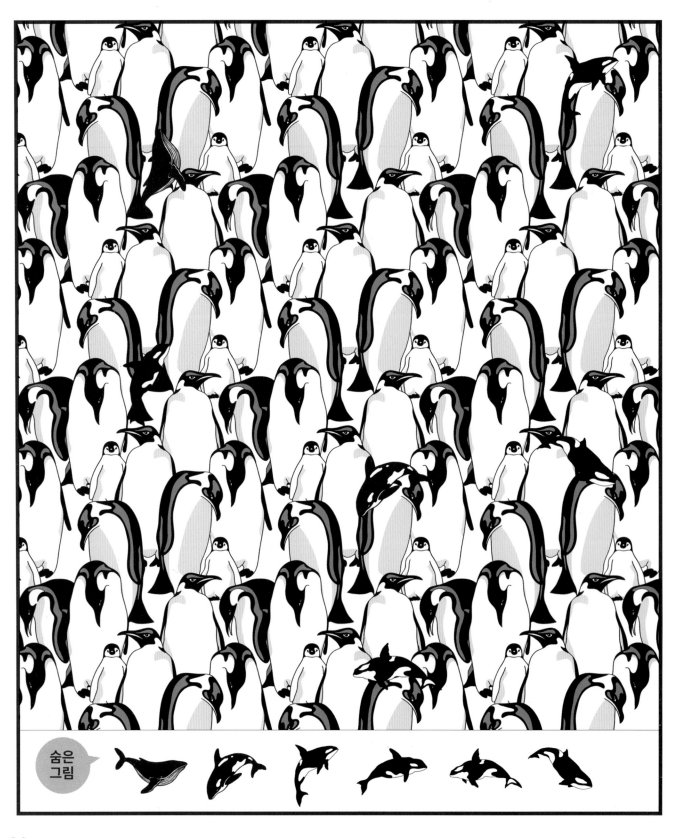

숨은
그림

잘못된 글씨 찾기

색이 잘못 칠해진 글씨를 5개 찾아보세요.

 월 일

풀이시간 5분

우리말은 색 표현이 참 많아요. 노랗다, 샛노랗다, 누렇다, 노르께하다, 노르스름하다, 노릇노릇하다… 외국인이 한국어를 배울 때 이런 말이 헷갈린다고 하던데 정말 그렇겠어요. 먼저 찾은 분은 수수께끼를 풀면서 기다려 주세요. 답이 이해가 안 가면 소리 내서 읽어 보세요.

◎ 컵라면 먹고 싶을 때 가야 하는 역은?　　　　　　　　　　　　　　　　　정답: 온수역
◎ 소지품이란 소지품은 죄다 검사하는 역은?　　　　　　　　　　　　　　　정답: 수색역

파	파	노	빨	빨	초	검	빨	검	파
노	검	초	검	검	노	초	초	노	검
빨	초	노	초	빨	검	노	파	빨	초
노	검	초	빨	파	노	빨	검	노	파
초	노	파	검	빨	초	검	파	초	빨
노	검	초	빨	파	노	빨	초	노	검
노	빨	검	노	빨	검	파	노	노	파
초	검	노	빨	초	노	초	파	초	파
노	빨	초	검	파	빨	검	초	검	빨
노	검	초	빨	파	노	빨	파	노	검
파	파	노	빨	빨	초	검	빨	파	파
노	검	초	검	검	노	초	초	노	검
빨	초	노	초	빨	파	노	파	빨	초

1단계
2단계
3단계
4단계
5단계

1 단계 19 반전된 그림에서 다른 그림 찾기 ◯ 월 ◯ 일

반전된 그림에서 원래 그림과 다른 5곳을 찾아보세요. ⏱ 풀이시간 5분

누군가 고양이를 잃어버렸는데 단발머리친구가 발견했나 보네요. 겉모습이 멀쩡한 게 다행히 아직 고생은 안 한 모양이에요. 먼저 찾은 분은 수수께끼를 풀면서 기다려 주세요. 답이 이해가 안 가면 소리 내서 읽어 보세요.

◎ 의견 다 들어주는 역은?   정답: 수락역
◎ 스포츠 경기 때마다 바쁜 역은?   정답: 중계역

반전된 그림에서 다른 그림 찾기

😊 반전된 그림에서 원래 그림과 다른 5곳을 찾아보세요.

찬바람이 쌩쌩 불 때 차 한잔을 마시는 시간은 정말 따스하고 행복한 기분이 들어요. 민들레차, 오미자차, 목련꽃차, 국화차, 감잎차, 도라지차, 메밀차…. 한국의 차는 대부분 봄, 여름, 가을, 겨울 계절별로 마시면 몸에 좋은 차가 많네요. 올겨울에는 가족과 함께 커피 말고 우리 차를 마셔보면 어떨까요?

예전에는 남자가 머리를 자를 때는 이발소에 가서 '짧게 해주세요', '단정하게 깎아주세요' 뭐 이런 단순한 말만 하면 됐었죠. 지금은 남자 커트의 종류만 해도 샤기컷, 댄디컷, 울프컷, 모히칸컷, 크롭컷, 스왓컷, 투블럭… 등 정말 다양해졌어요. 그리고 보니 남자들의 헤어스타일은 축구선수들의 헤어스타일에 영향을 받는 경우가 많은 것 같아요.

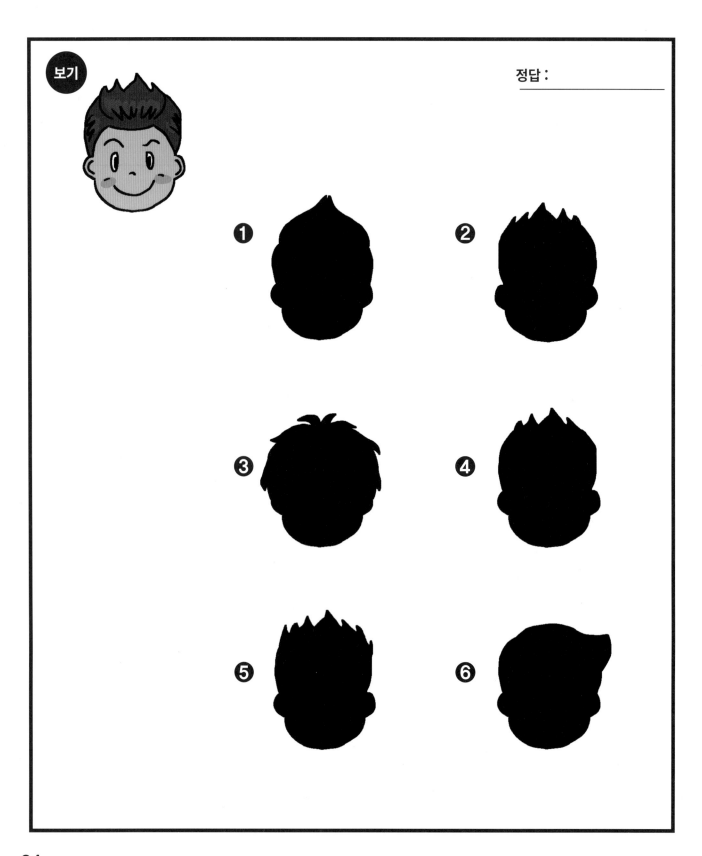

보기

정답 :

같은 그림자 찾기

 월 ◯ 일

😊 보기와 같은 상냥한 엄마 그림자를 찾아보세요.

풀이시간 5분

보통 여자분들이 헤어스타일에 변화를 주면, 주변 사람들이 대번에 "실연 당했냐?"라고 묻곤 하죠. 사실 실연 당하거나 나쁜 일이 있어 기분전환을 하고 싶을 때, 머리를 싹둑 자르거나 새로 웨이브를 하거나 해서 헤어스타일을 확 바꾸면 마음까지 깨끗하게 정리되는 느낌이 들긴 해요. 간혹 머리가 이상하게 나와서 더 스트레스 받기도 하지만요^^

정답 :

1단계
2단계
3단계
4단계
5단계

여러 그림 중 다른 그림 찾기

◯월 ◯일

⏰ 풀이시간 5분

 보기와 다른 그림 1개를 찾아 그 번호를 쓰세요.

삼시세끼 차리고 먹기 너무 힘들죠. 치우는 건 또 어떻고요. 특히 주말에 세끼를 다 찾아 먹으면 두 배는 힘든 것 같아요. 주말 아침에 남편과 아이들은 왜 그렇게 일찍 일어나서 배 고프다고 야단들인지. 엄마가 행복해야 온 가족이 행복하다고 하잖아요. 하루쯤은 아침에 늘어지게 자다 일어날 권리, 엄마에게 줘야 하지 않을까요? 네?

정답 : _____

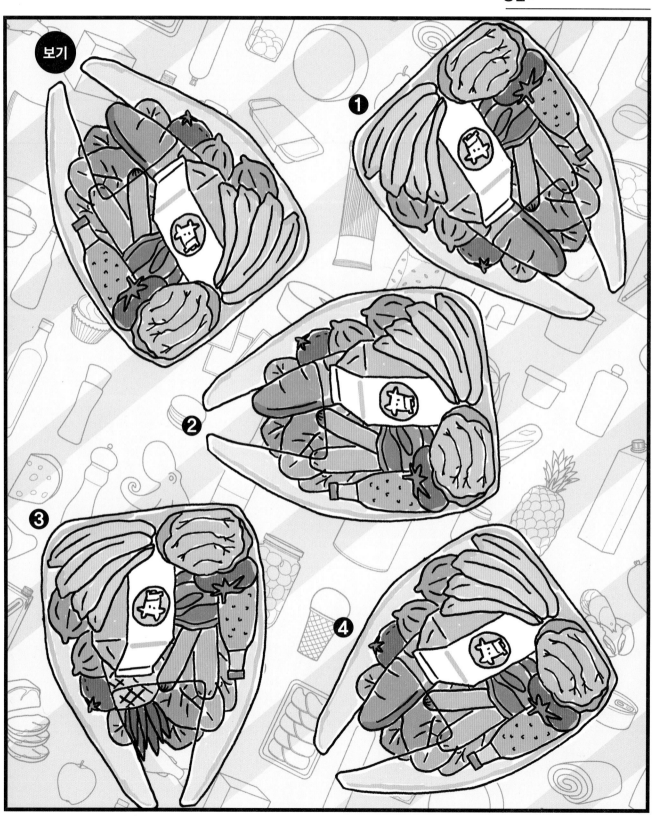

26

여러 그림 중 다른 그림 찾기

😊 보기와 다른 그림 1개를 찾아 그 번호를 쓰세요.

미하엘 엔더의 《모모》 속에 나오는 회색 신사들은 사람들에게서 시간을 빼앗고 그 시간으로 목숨을 이어가는 유령 같은 존재예요. 이들에게 시간을 빼앗긴 사람들은 계속 일만 하면서 시간을 아끼며 살고 있는데 정작 중요한 사랑, 웃음, 인생은 점점 잃어가죠. 오늘은 잠깐 하던 일을 멈추고 차 한잔 마시면서 가족과 여유로운 대화를 나눠보면 어떠세요?

정답 : _____

속담 다른 그림 찾기

 두 그림을 보고 서로 다른 5곳을 찾아보세요.

◯월 ◯일

🕐 풀이시간 5분

'소 잃고 외양간 고친다.'라는 속담이 있어요. 여기서 '외양간'은 말이나 소를 기르는 곳을 말해요. 망가진 외양간을 그냥 두다가 소가 도망간 후에 고친다는 것으로, 일이 이미 잘못된 뒤에는 손을 써도 아무 소용이 없다는 뜻이에요. 숙제나 시험공부를 미루다가 코앞에 닥친 후에야 '좀 더 일찍 시작할걸.' 하고 후회해 본 적 있죠? 뒤늦게 후회하지 말고 미리미리 준비하는 습관을 갖자는 교훈을 주는 훌륭한 속담이에요.

디톡스 다이어트 많이 하시죠. 디톡스(detox)는 해독(解毒 풀 해, 독 독), 한자 그대로 인체 내에 축적된 독소를 뺀다는 뜻이에요. 일반적인 해독주스는 양배추, 브로콜리, 당근, 토마토를 삶아 바나나와 사과를 함께 갈아서 만든 주스를 말해요. 공복에 마시면 변비도 없어지고 피부 톤도 밝아진다고 하죠. 다이어트가 아니어도 몸에 좋은 채소들을 한꺼번에 섭취한다는 의미에서 하루에 해독주스 한잔은 건강에 좋을 것 같네요.

29

26번 문제

앞장의 사진을 떠올리며 맞는 쪽에 동그라미 표시하세요.

① 주스 중에 딸기주스가 있었다. (그렇다 아니다)

② 가장 앞쪽에 있는 주스는 키위주스다. (그렇다 아니다)

③ 주스는 모두 다섯 잔이다. (그렇다 아니다)

2단계 27 계산한 답을 찾아 떠나는 미로 여행 ◯월 ◯일

 덧셈과 뺄셈을 한 후 정답을 찾아 미로를 완성하세요.   🕒 풀이시간 5분

요즘 트렌드 중의 하나인 욜로(YOLO)는 You Only Live Once(직역: 넌 오직 한 번만 살아, 의역: 넌 한 번밖에 못 살아)의 약자로 '자기 삶을 즐기면서 산다'는 뜻이에요. 미래를 위해 현재를 희생하면서 살기보다는 현재를 즐기려는 욜로족이 날로 늘어나고 있어요. 미래를 위해 돈 모으느라 아등바등 살지 않고 즐길 것은 즐기면서 현재의 자기자신을 아끼며 행복하게 살겠다는 욜로족이 어쩌면 현명한 건지도 모르겠네요.

며칠 전 아버님 팔순 잔치 겸 가족끼리 가평에 여행을 갔었어요. 가장 좋았던 시간은 헬륨풍선에 소원을 써서 날렸던 시간이에요. 처음에는 새벽 이벤트로 준비했었는데, 헬륨풍선의 체공시간(공중에 머물러 있는 시간)이 8시간 정도라고 하여 부랴부랴 한밤중에 날리게 되었죠. 별이 빛나는 밤에 두둥실 떠가는 헬륨풍선. 그 모습이 어찌나 사랑스럽던지 풍선이 없어질 때까지 모두 침묵으로 지켜보고 있었어요. 기회가 되면 가족끼리 헬륨풍선 이벤트는 꼭 한번 해보시길 권합니다.

28번 문제

앞장의 사진을 떠올리며 맞는 쪽에 동그라미 표시하세요.

① 풍선은 모두 6개다. (그렇다 아니다)

② 가장 키가 작은 아이는 여자아이이다. (그렇다 아니다)

③ 남자아이 두 명, 여자아이 한 명이다. (그렇다 아니다)

2단계 29 # 수학 퍼즐 스도쿠   ◯ 월 ◯ 일

🙂 1에서 9까지의 숫자를 겹치지 않게 넣으세요.   ⌛ 풀이시간 25분

바로 옆에 답이 있는 잠깐 웃고 마는 수수께끼예요. 스도쿠 문제 풀다가 머리가 안 돌아가면 맞춰 보세요.

◎ 화장실에서 방금 나온 사람은?   정답: 일본 사람
◎ 세상에서 가장 지루한 중학교는?   정답: 로딩 중

			4	6	9		7	8
7			1		5	6	4	
		9	2	7	8	1		5
3	2		5		6	8	9	
8		4	9		3	5		6
5	9		8	2		4	1	3
	1	7	6	5	2		8	
6		3	7	8		9		2
2			9	4		6		

족저근막염으로 병원을 찾는 환자가 늘고 있다고 해요. 족저근막염은 발바닥 근육을 감싸고 있는 막에 생긴 염증으로 대표적인 증상은 발뒤꿈치 통증이에요. 저도 예전에 족저근막염이었는데, 한 의사 선생님께서 권해준 운동 덕에 지금은 통증이 싹~ 없어졌답니다. 운동 방법: 바닥에 옆으로 누워 위에 놓인 다리를 직각 정도로 최대한 위로 쭉 올린다. 발뒤꿈치를 최대한 엉덩이 쪽으로 당긴다는 기분으로. 반대 방향도 같은 동작을 반복한다. (각각 20회)

앞장의 사진을 떠올리며 맞는 쪽에 동그라미 표시하세요.

① 빨강, 검정, 주황색의 신발이 있다. (그렇다 아니다)

② 빨강색의 신발은 부츠다. (그렇다 아니다)

③ 가운데 있는 신발은 검정구두다. (그렇다 아니다)

2단계 31 수학 퍼즐 스도쿠

◯ 월 ◯ 일

🕐 풀이시간 25분

1에서 9까지의 숫자를 겹치지 않게 넣으세요.

수학문제를 반복해서 틀리는 학생의 유형을 살펴 보면 아는 것과 할 수 있는 것의 차이를 구분하지 못한다고 해요. 이를 해결하기 위해서는 '오답노트 정리'가 가장 효과적이라고요. 틀린 문제가 있으면 답만 체크하는 사람이 많은데 그러지 말래요. 뒤에 나오는 모범답안의 풀이과정까지 꼼꼼히 읽고 풀이과정에서 사용되는 용어나 개념들을 본인이 설명할 수 있는지 꼭 확인하고 보완하여 오답노트에 정리하는 것이 좋대요.

9			7				5	
	5		9					3
3	2	8	5	4				9
	4	3	6		7		8	2
7	8	2		1	9		3	6
6	9		8	2	3	1	4	7
5		9	2	6			7	1
	7	1	3	9	4	2	6	5
	6	4			5		9	

연중행사 같은 그림 찾기

 ○ 월 ○ 일

😊 보기와 같은 그림 1개를 찾아 그 번호를 쓰세요.

🕐 풀이시간 5분

태풍 이름은 2차 세계대전 이후부터 태풍이 얌전하게 지나가길 바라는 염원에서 붙이기 시작하여, 현재는 아시아 지역 14개국에서 제출한 10개의 고유한 이름 140개를 반복해서 써요. 태풍이 큰 손해를 끼치면 유사한 피해가 다시 일어나지 않기를 바라는 마음으로 해당 태풍 이름은 폐기한다고 합니다. 2003년 한반도 남해안을 강타했던 태풍 '매미'도 북한에서 제출한 '무지개'라는 이름으로 교체된 적이 있죠.

정답 : _____

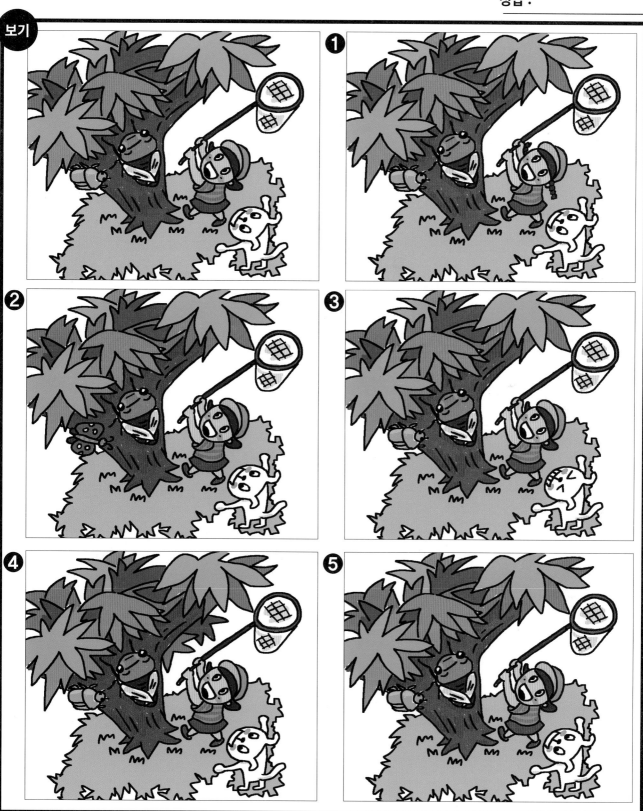

연중행사 같은 그림 찾기

2단계 33

○월 ○일

🕐 풀이시간 5분

😊 보기와 같은 그림 1개를 찾아 그 번호를 쓰세요.

여름 중 가장 더운 시기인 삼복(三伏 석 삼, 엎드릴 복)은 절기에 따라 초복, 중복, 말복으로 나뉩니다. 삼복 가운데 가장 마지막에 드는 복날인 말복은 입추가 지난 뒤의 첫 번째 경일에 들어요. 복날에는 더위로 지친 몸을 보양하기 위해 삼계탕 같은 보양식을 먹죠. 일반적으로 막바지 더위를 뜻하는 말복이 끝나면 더위가 한풀 꺾여 가을로 접어들어요. 그렇게 무덥던 날씨가 아침저녁으로 선선해지는 것을 보면 자연은 정말 신비로워요.

정답 :

36

돈 세기

돈이 얼마인지 세어 그 금액을 쓰세요.

남편, 초4 아들, 저 이렇게 대화를 나누다가 생긴 일이에요. 제 생일이 얼마 남지 않아 남편이 "엄마 생일 때는 엄마가 좋아하는 거 사 드리자." 하고 선물 이야기를 꺼내더라고요. 이 말을 들은 아들이, "아빠 그럼 전 못 사 드려요. 저는 어린이라 건물 살 돈이 없잖 아요." 이러는 거예요. 언젠가 건물에서 월세 받으면 좋겠다고 한 이야기를 떠올렸나 봐요. 삶에서 돈이란 뭔지, 오늘따라 저 자신 에게 되묻고 싶어지는 날이었습니다.

① 금액 　　　　　　　　원

② 금액 　　　　　　　　원

미로 찾기

나방을 잡으러 가는 거미와 함께 길을 떠나 보세요.

 월 일

⎿ 풀이시간 5분

레드 퀸 효과를 아세요? 루이스 캐럴의 동화 《이상한 나라의 앨리스》의 속편인 《거울 나라의 앨리스》의 붉은 여왕이 한 말에서 나왔어요. 붉은 여왕 가설이라고도 해요. 주변 환경이 매우 빠르게 변하기 때문에 제자리에만 머물려고 해도 상당한 노력이 필요하다는 뜻이에요. 지금껏 열심히 한다고 했는데도 제자리걸음 같다면 그건 남들과 같은 속도라서 그런 거래요. 더 나아지기 위해서는 두 배는 빨리 달려야 하는 거구요.

점 잇기

귀여운 아기 곰과 눈사람이 뭔가를 만들고 있네요. 무엇을 만들고 있을까요?

◯ 월 ◯ 일

🕐 풀이시간 5분

우리나라에서 크리스마스는 법령상 '기독탄신일'로서 법정공휴일인 '빨간날'이에요. 1945년 해방 직후 미군 군정이 실시된 이후 기독교 신자였던 이승만 대통령의 영향력이 반영돼 법정공휴일로 지정되었다고 해요. 석가탄신일은 1975년에 지정되었고요. 전 세계에서 석가탄신일과 함께 성탄절이 법정공휴일로 지정된 나라는 우리나라가 유일하다고 하네요. 이웃나라 중국과 일본도 크리스마스가 빨간날이 아니에요. 대만도 12월 25일에 크리스마스가 아니라 제헌절을 기념하고요.

여러 그림 중 다른 그림 찾기

○ 월 ○ 일

🕐 풀이시간 5분

보기와 다른 그림 1개를 찾아 그 번호를 쓰세요.

매년 사는 생일 케이크, 올해는 핫케이크 가루로 간단하게 집에서 만들어 보시면 어때요? 만드는 방법도 간단해요. 마트에서 파는 핫케이크 가루를 사서 설명서대로 반죽해서 압력밥솥의 찜 기능으로 40분 정도 돌리면 돼요. 코코아 가루를 넣어 반죽하면 초코케이크. 밥솥에서 꺼낸 카스테라 느낌의 케이크 위에 취향대로 과일을 얹어 장식하면 그럴싸한 과일 케이크 완성! 많이 돌리면 좀 퍽퍽할 수도 있는데, 그럴 때는 잘라서 냉장고에 보관했다가 전자레인지에 돌리면 훌륭한 간식으로도! 아이와 함께 행복한 케이크 만들기 꼭 도전해 보세요.

정답 : _____

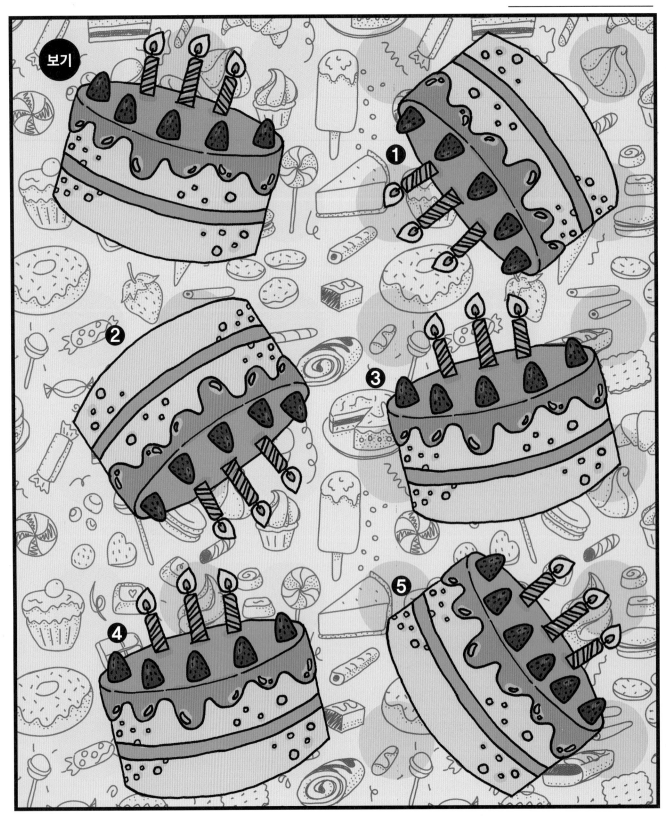

여러 그림 중 다른 그림 찾기

 월 ○ 일

😊 보기와 다른 그림 1개를 찾아 그 번호를 쓰세요.

풀이시간 5분

문어는 다리가 8개이면서 다리 길이가 같아요. 영어로는 옥토퍼스(octopus)라고 하는데, 어원도 다리(pus)가 여덟 개(octo)예요. 문어 친구 오징어 다리는 10개이면서 다리 2개가 길고요. 오징어만 긴 다리가 2개 있고 낙지, 주꾸미는 문어처럼 다리가 8개예요. 문어는 무척추동물 중에서 가장 머리가 뛰어나며 발달된 눈을 가지고 있어 사물을 구별할 수 있는 능력이 있다고 합니다. 모성애도 남다른 데가 있대요. 늦여름부터 초가을에 걸쳐 알을 낳아 바위틈에 붙여 놓고는 1~2달 동안 식음을 전폐하고 오직 알 지키는 일에만 몰두한다고요. 동물의 모성애는 정말 대단하네요.

정답 : _____

1 단계
2 단계
3 단계
4 단계
5 단계

숨은 그림 찾기

월 일

주어진 숨은 그림 8개를 찾아보세요.

풀이시간 5분

요즘은 하우스에서 자라는 채소나 과일이 많아서 '제철'의 의미가 많이 사라졌죠. 그래도 계절이 바뀌면 꼭 먹어줘야 하는 음식이 있어요. 포도는 9월이 제철이에요. 비타민과 유기산이 풍부하여 '과일의 여왕'이라고도 불리죠. 예전에는 그해 첫 포도를 따면 사당에 먼저 고한 다음 맏며느리에게 한 송이 통째로 먹였다고 해요. 주렁주렁 달린 포도알이 다산(多産)을 상징하기 때문이라고 합니다.

숨은 그림

개 , 공 , 나비 , 돼지머리 , 물고기 , 박쥐 , 연필 , 우리나라 지도

"간장공장 공장장은 강 공장장이고 된장공장 공장장은 장 공장장이다. / 들의 콩깍지는 깐 콩깍지인가 안 깐 콩깍지인가? 깐 콩깍지면 어떻고 안 깐 콩깍지면 어떠냐. 깐 콩깍지나 안 깐 콩깍지나 콩깍지는 다 콩깍지인데."
추억의 발음 테스트 '간장공장'과 '콩깍지'예요. 발음 연습이 되면서 입을 풀 때 도움을 주죠.

검	초	노	빨	초	검	파	빨
빨	파	노	검	초	빨	파	노
검	빨	초	파	노	빨	빨	초
초	초	노	검	초	검	검	노
노	파	빨	초	노	초	빨	파
빨	검	노	검	초	빨	파	노
검	파	초	노	파	검	빨	초
빨	초	노	검	초	빨	파	노
빨	검	노	검	초	빨	파	노
빨	검	노	검	초	빨	파	노

1단계
2단계
3단계
4단계
5단계

43

영화 〈스파이더맨〉 1편은 주인공 피터 파커(Peter Parker)가 방사능에 누출된 거미에 물려서 초능력을 얻은 뒤 갑작스러운 힘을 남용하다가 '큰 힘에는 큰 책임이 따른다'는 교훈을 깨닫고 본격적으로 뉴욕을 지키는 슈퍼히어로가 되는 과정을 그렸어요. 악당은 그린 고블린(Green Goblin). 스파이더맨 친구인 해리 오스본의 아버지 노먼 오스본이 자신을 대상으로 한 인체 실험 도중에 자아분열되어 난폭한 인격과 본래의 인격으로 나뉜 이중인격 악당이 됩니다. 스파이더맨은 악당의 슬픈 사연까지 소개하여 '악을 악으로 갚지 말고 선으로 갚아라'라는 교훈까지 주고 있다고 합니다.

보기

정답 :

같은 그림자 찾기

 보기와 같은 멋진 슈퍼맨 그림자를 찾아 그 번호를 쓰세요.

슈퍼맨 캐릭터는1938년 조 슈스터(Joe Shuster)와 제리 시걸(Jerry Siegel)이라는 10대 만화가들에 의해 창작되어, 단돈 500달러 (약 56만원 정도)에 판권이 팔렸다고 해요. 그렇게 싸게 팔려 나간 슈퍼맨 캐릭터는 처음에는 그렇게 빛을 보지 못했으나 2차 세계대전을 거치며 새로운 영웅의 출현에 목말라하던 미국인들의 요구에 그대로 들어맞아, 미국 만화계의 가장 강력한 슈퍼히어로로 등극하게 된 거라고 하네요. 슈퍼맨의 인기가 그렇게까지 커질 줄 몰랐던 조 슈스터, 제리 시걸은 나중에 땅을 치고 후회하며, 수 차례의 소송까지 걸었지만 권리를 되찾아오는 데 실패하고 말았대요.

보기

정답 :

1단계
2단계
3단계
4단계
5단계

45

보기와 같은 자전거 타고 있는 그림자를 찾아 그 번호를 쓰세요.

풀이시간 4분

바로 옆에 답이 있는 잠깐 웃고 마는 수수께끼예요. 같은 그림자를 찾다가 잘 안 보일 때 기분 전환용으로 풀어 보세요.

◎ 똥의 성은?   정답: 응가
◎ 똥은 똥인데 다른 곳으로 튀는 똥은?   정답: 불똥
◎ 어릴 땐 꾸고 젊을 땐 먹고 늙으면 깨는 것은?   정답: 꿈

같은 그림자 찾기

보기와 같은 보드 타고 있는 그림자를 찾아 그 번호를 쓰세요.

◯ 월 ◯ 일

🕐 풀이시간 4분

바로 옆에 답이 있는 잠깐 웃고 마는 수수께끼예요. 같은 그림자를 찾다가 잘 안 보일 때 기분 전환용으로 풀어 보세요.

◎ 콩쥐의 깨진 독을 수리해 준 사람들은?　　　　　　　　　　　　정답: **독수리 오형제**

◎ 고래 두 마리가 소리를 지르면?　　　　　　　　　　　　　　　정답: **고래고래**

◎ 김치만두가 김치에게 한 말은?　　　　　　　　　　　　　　　정답: **내 안에 너 있다**

1 단계

2 단계

3 단계

4 단계

5 단계

47

😊 두 그림을 보고 서로 다른 5곳을 찾아보세요.

'고양이 목에 방울 달기'는 고양이에게 괴롭힘을 당하던 쥐들의 이야기에서 나왔어요. 어느 날 쥐들은 고양이에게 맨날 당하느니 고양이 목에 방울을 달면 그 소리를 듣고 미리 도망칠 수 있지 않겠냐는 생각을 했어요. 하지만 여러 날 동안 의논을 해도 고양이 목에 방울을 다는 위험한 일에 선뜻 나서는 쥐가 없는 거예요. 실행에 옮기지 못할 일을 두고 공연히 의논만 한다는 뜻이죠. 이것을 한자성어로는 탁상공론(卓上空論 높을 탁, 위 상, 빌 공, 논의할 론)이라고 해요. 실행은 하지 않고 책상에 앉아 회의만 한다는 뜻이죠. 실천의 중요성을 말해주는 속담이에요.

48

강풍을 동반한 폭우가 쏟아져 우산이 뒤집힌 경험 있으시죠? 미국의 부시 대통령도 전용 헬리콥터에서 내릴 때 우산이 뒤집혀 당황한 적이 있었대요. 이런 불편함을 해소하려고 네덜란드의 센즈사가 델프트 공과대학과 공동으로 개발에 참여, 특별한 우산 만들기에 성공했다고 하네요. 우산은 대칭구조여야 한다는 오랜 편견을 깨고 비대칭 모양의 디자인에 갈빗대를 강화한 우산이래요. 우산이 바람의 흐름에 따라 자연스럽게 움직여 바람의 저항을 억제할 수 있게 한 이 디자인은 비행기 날개모양의 디자인이라고 하네요.

3단계 47 수학 퍼즐 스도쿠 ◯월 ◯일

1에서 9까지의 숫자를 겹치지 않게 넣으세요.

🕐 풀이시간 20분

바로 옆에 답이 있는 잠깐 웃고 마는 수수께끼예요. 스도쿠 문제 풀다가 머리가 안 돌아가면 맞춰 보세요.

◎ 양이 싫어하는 것은?   정답: 양치질

◎ 반성문을 영어로 하면?   정답: 글로벌

4		6	1		9	8		2
	2	5	6	8			9	4
	8	9	2	4			6	
	4		3		1	9		5
	1						2	7
	9		7		4	6	1	
	7		9	1	2		3	6
	5			6				9
				3		1	4	8

사진 기억하고 문제 풀기

😊 30초간 사진을 유심히 보고 뒷장에 있는 문제를 풀어 보세요.

사랑은 상대에 대한 관찰에서 시작된다고 하죠. 상대의 모습, 행동, 말투, 목소리, 표정 하나하나까지 관찰의 대상이 되고요. 사실 관찰을 하기 위해서는 관심이 없으면 지속하기 힘들어요. 잠깐만 사진의 고양이를 보세요. 요 놈이 뭐에 쓰는 물건인고… 하고 이상한 돌기가 있는 공에 관심을 보이고 있어요. 그런데 강아지는 공이 아닌 고양이를 바라보고 있네요. 어쩌면 사진의 강아지는 지금, 고양이를 사랑하고 있는지도 모르겠어요.

48번 문제

앞장의 사진을 떠올리며 맞는 쪽에 동그라미 표시하세요.

① 고양이는 의자 위에, 개는 의자 아래에 있다. (그렇다 아니다)

② 고양이는 빨간색에 파란 돌기가 돋아있는 공을 보고 있다. (그렇다 아니다)

③ 개의 목에 갈색 리본이 묶여있다. (그렇다 아니다)

3단계 49 수학 퍼즐 스도쿠

 1에서 9까지의 숫자를 겹치지 않게 넣으세요.

○ 월 ○ 일

🕐 풀이시간 20분

바로 옆에 답이 있는 잠깐 웃고 마는 추억의 수수께끼 시간입니다. 스도쿠 문제 풀다가 머리가 안 돌아가면 맞춰 보세요.

◎ 일본에서 가장 쩨쩨한 구두쇠 이름은?

◎ 일본에서 낚시를 가장 잘하는 사람 이름은?

정답: 겐자히 아끼네

정답: 다나까

		4	1		9		6	2
	1	2			8	7		3
8				6	7	5		
3	2	9	8	7	6	4	5	
4		1				6	2	8
5	6	8	4	1	2		7	9
9		5	6		4		3	7
	4	7	3		5	2		6
2	3		7		1	9	4	

도형 맞추기

문제를 보고 보기의 도형에서 골라 예시와 같이 쓰세요.

한 부산 사나이가 서울에 올라와서 처음으로 전철을 탔어요. 부산 특유의 거친 사투리로 전철 안에서 시끄럽게 하자, 견디다 못한 서울 사람이 부산 사나이에게 주의를 줬대요.
서울 사람: 좀 조용히 해 주시겠어요? / 부산 사나이: 이기 다 니끼가?
위축이 된 서울 사람은 자기 자리로 돌아가서 옆 사람에게 속삭였대요.
"거봐, 일본 사람 맞지?"

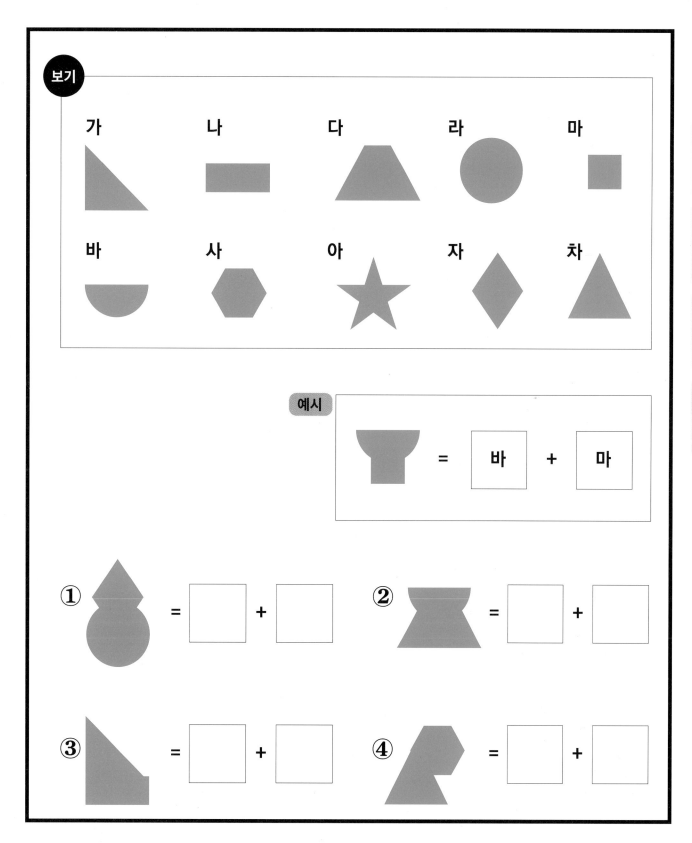

연중행사 같은 그림 찾기

😊 보기와 같은 그림 1개를 찾아 그 번호를 쓰세요.

금방은 안 웃겨도 몇 분 후에 빵 터질 수 있는 수수께끼예요. 문제를 풀다가 아무리 찾아도 모르겠다 싶을 때 풀어 보세요.

◎ 산에 불이 났을 때 손자가 할아버지에게 하는 말은?　　　　　　　　　　　정답: 산타 할아버지

◎ 커피에 빠진 파리가 죽으면서 하는 말은?　　　　　　　　　　　　　　　　정답: 쓴맛, 단맛 다 봤다

정답 :

돈 세기

3단계 52

😊 돈이 얼마인지 세어 그 금액을 쓰세요.

◯ 월 ◯ 일

🕐 풀이시간 4분

"말 예쁘게 하는 사람을 만나라. 말은 상대방에게 가장 기본적인 예의다. 더 이상 아픈 말로 인해서 상처받으며 미련하게 사랑을 이어가지 않았으면. 항상 예쁜 말만 들으며 사랑받기에 충분히 어여쁜 당신인 것을 잊지 않았으면."

지민석 작가님의 글이에요. 지민석 작가님은 요즘 대세인 SNS작가로 말 그대로 SNS에 글을 올리면서 작가가 되었어요. 처음에는 저렴한 자가출판플랫폼 북크크를 통해 출판을 했다고 해요. SNS가 작가의 길을 넓혀주는 역할도 하는 것 같네요.

① 금액   원

② 금액   원

1단계
2단계
3단계
4단계
5단계

55

미로 찾기

 강아지 탐정과 강아지 탐정의 완소식량인 뼈다귀를 찾으러 탐험을 떠나 보세요.

◯ 월 ◯ 일

🕐 풀이시간 4분

"최선을 다했는데, 기회가 없었던 거야. 그러니까 세상을 탓해. 세상이 더 노력하고 애를 썼어야지. 자리를 그렇게밖에 못 만든 세상이 문제인 거고, 세상이 더 최선을 다 해야지. 욕을 하든 펑펑 울든 다 해도, 니 탓은 하지 마라."
tvN드라마 〈슬기로운 감방생활〉 중에 나오는 대사예요. 일이 뜻대로 되지 않을 때 최소한 자기 탓은 하지 말고 지내기로 해요. 우리.

점 잇기

3단계 54

1부터 번호를 따라가면서 점을 이어 보세요.

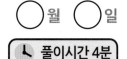

○월 ○일

풀이시간 4분

"모모가 가장 잘하는 일은 '잘 들어주는 것'이다. 모모는 어리석은 사람이 갑자기 아주 사려 깊은 생각을 할 수 있게끔 귀 기울여 들을 줄 알았다. 상대방이 그런 생각을 하게끔 무슨 말이나 질문을 해서가 아니었다. 모모는 가만히 앉아서 따뜻한 관심을 갖고 온 마음으로 상대방의 이야기를 들었을 뿐이다. 그러면 그 사람은 자신도 깜짝 놀랄 만큼 지혜로운 생각을 떠올리는 것이었다."
미하엘 엔더의 《모모》에 나온 구절이에요. 정말 그래요. 말을 주저리주저리 하다 보면 어느새 생각이 정리되고 스스로 답을 찾는 경우가 많죠.

57

여러 그림 중 다른 그림 찾기

◯월 ◯일

보기와 다른 그림 1개를 찾아 그 번호를 쓰세요.

⌕ 풀이시간 4분

"네가 이타카로 가는 길을 나설 때 기도하라. 그 길이 모험과 배움으로 가득한 오랜 여정이 되기를… 언제나 이타카를 마음에 두라. 네 목표는 그곳에 이르는 것이니. 그러나 비록 네 갈 길이 오래더라도 서두르지는 마라. 이타카는 너에게 아름다운 여행을 선사했고 이타 카가 없었다면 네 여정은 시작되지도 않았으니 이제 이타카는 너에게 줄 것이 하나도 없구나."
고대 그리스의 호메로스 작품 《오디세이》에 나오는 시예요. 락부로스(윤도현, 하현우)가 SNS에 음악영상을 올려 그 조회 수로 이타카를 찾아가는 프로그램인 〈이타카로 가는 길〉에서 계속 언급하죠.

정답 :

여러 그림 중 다른 그림 찾기

보기와 다른 그림 1개를 찾아 그 번호를 쓰세요.

풀이시간 4분

사투리가 심한 부산 사람 2탄입니다. 사투리가 심한 아저씨 앞에 길을 가던 학생이 실수로 핸드폰을 떨어트리고 말았어요. 핸드폰을 주운 아저씨는 학생이 다가오자 이렇게 말했대요.
"니끼가? 가가라." 그러자 학생이 핸드폰을 받으며 이렇게 말했대요. "아리까또."
'가가라'는 '가지고 가라'는 뜻의 경상도 사투리고, '이리가또'는 '고맙다'라는 일본어예요.
경상도 사투리는 일본어와 발음과 억양이 정말 비슷한 것 같아요.

정답 : _____

위엄 있는 사자 얼굴 속에 숨어 있는 귀여운 펭귄 6마리를 찾아보세요.

A젖소와 B젖소가 싸움을 했는데 싸움에서 B젖소가 이겼어요. 왜 그랬을까요?　　　　* A젖소(에이졌소), B젖소(삐졌소)로 읽을 수 있기 때문에
A젖소 : 에이~, 졌소.
B젖소 : 삐~졌소?

드라마 〈미스터 션샤인〉 말투네요. 기대하지 않았소, 보고 싶었소, 이런 순간도 상상해 보았소, 어디든 좋소, 그대가 가는 방향으로 내가 걷겠소, 그거면 됐소…. 오늘은 가족이랑 '–소'로 끝내기 게임 어떠세요?

숨은 그림

3단계 58 색깔 이름 빨리 읽기

○ 월 ○ 일

🕐 풀이시간 4분

😊 아래 글자를 4분 안에 정확하고 빠르게 읽어보세요.

"니가 흘릴 눈물이 마법의 주문이 되어/ 너의 여린 마음을 자라나게 할 거야/ 남들이 뭐래도 네가 믿는 것들을 포기하려 하거나 움츠려 들지 마/ 힘이 들 땐 절대 뒤를 돌아보지 마/ 앞만 보며 날아가야 해/ 너의 꿈을 비웃는 자는 / 애써 상대하지 마/ 변명하려 입을 열지 마/ 그저 웃어 버리는 거야/ 아직 시간이 남아 있어 / 너의 날개는 펴질 거야/ … / 마음이 이끄는 곳/ 높은 곳으로 날아가" 넥스트의 〈해에게서 소년에게〉. 마지막에 나오는 신해철님의 저음이 정말 압권이죠. '소년아 저 모든 별들은 너보다 먼저 떠난 사람들이 흘린 눈물이란다'. 하현우님이 부른 버전도 좋아요.

검	초	빨	파	노	빨	검	노
노	파	검	빨	초	검	파	초
검	초	빨	파	노	빨	초	노
검	초	빨	파	노	빨	검	노
빨	초	검	파	빨	검	초	노
검	초	빨	파	노	빨	파	노
파	노	빨	빨	초	검	빨	초
검	초	검	검	노	초	초	노
초	노	초	빨	파	노	파	빨
검	초	빨	파	노	빨	검	노

1단계
2단계
3단계
4단계
5단계

반전된 그림에서 원래 그림과 다른 5곳을 찾아보세요.

풀이시간 4분

"며칠 있으면 새해다. 난 서른 살이 되기 전 인생의 숙제, 둘 중 하나는 해결할 줄 알았다. 일에 성공하거나 결혼을 하거나. 지금 난, 여전히 일에 성공하지 못한 싱글이다. 그러면 어때? 마흔 살 쯤에는 뭔가 이루어지겠지 뭐, 아님 말고. 어쨌든 서른 살. 이제 다시 시작이다. 나난 파이팅!!"

영화 〈싱글즈〉에서 장진영이 맡은 나난이 읊는 내레이션이에요. 나이가 들면 뭔가 이뤄질 것 같았는데 실상은 다르죠. 여전히 같은 고민을 하고 있는 경우가 많아요. ㅠ.ㅠ

반전된 그림에서 다른 그림 찾기

○ 월 ○ 일

반전된 그림에서 원래 그림과 다른 5곳을 찾아보세요.

풀이시간 4분

정신없이 일하다 보면 웃을 일이 없죠. 이럴 때 무심코 맞춰 보세요. 결혼하신 분이라면 남편에게 실없이 던져 보세요. 연애할 때는 서로 많이 웃겨주고 싶어했잖아요.

◎ 세 사람만 탈 수 있는 차는?　　　　　　　　　　　　　　정답: 인삼차
◎ 노총각이 가장 좋아하는 감은?　　　　　　　　　　　　　정답: 색싯감
◎ 라면은 라면인데 달콤한 라면은?　　　　　　　　　　　　정답: 그대와 함께라면

1단계
2단계
3단계
4단계
5단계

같은 그림자 찾기

보기와 같은 인어공주 그림자를 찾아 그 번호를 쓰세요.

○월 ○일

🕐 풀이시간 4분

"네가 정말로 갖기를 원한다면 넌 얻을 수 있어. 하지만 넌 시도하고 또 시도하고 계속 시도해야 해. 그럼 넌 마침내 얻을 수 있을 거야."

디즈니 영화 〈인어공주〉에 나온 말이에요. 무언가를 얻기 위해서는 끊임없이 노력해야 한다는 말이죠. 시도하고 또 시도하고. 그러다 보면 결국 얻을 수 있다고요. 그런데 인어공주는 왕자님의 마음을 얻을 수 있었던가요?

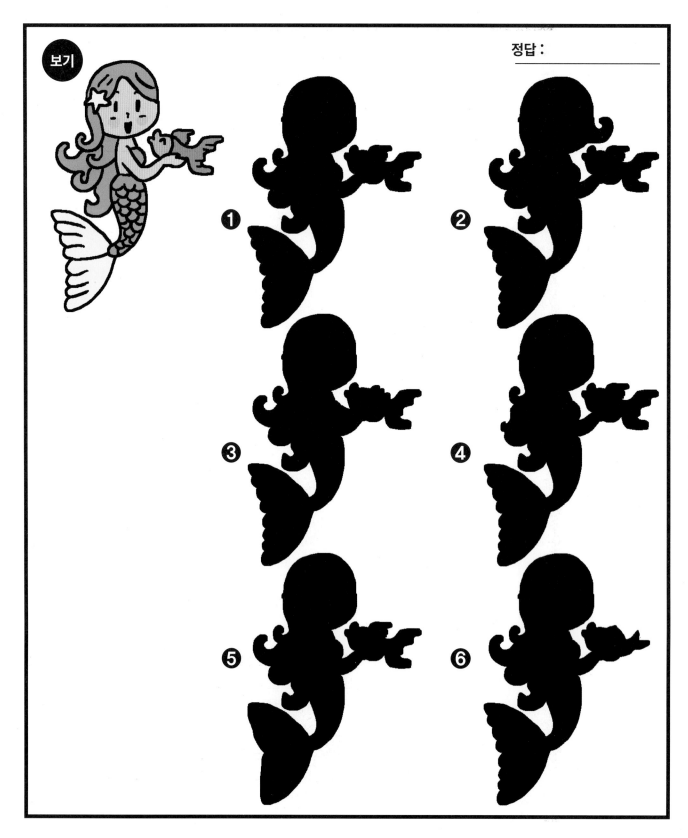

같은 그림자 찾기

 보기와 같은 인어공주 그림자를 찾아 그 번호를 쓰세요.

바로 옆에 답이 있는 잠깐 웃고 마는 수수께끼예요. 문제 풀다가 인어공주의 윙크가 점차 짜증나기 시작할 때 맞춰 보세요.

◎ 울다가 그친 사람은?
◎ 바나나가 웃으면?
◎ 사과가 웃으면?

정답: 아까 운 사람
정답: 바나나킥, 빙그레
정답: 풋사과

속담 다른 그림 찾기

 월 일

😊 두 그림을 보고 서로 다른 5곳을 찾아보세요.

'바위에 달걀 부딪치기'는 '달걀로 바위 깨기'라고도 해요. 약한 세력으로 강한 것에 대항해도 소용없다는 뜻이에요. 약한 힘으로 강한 것을 당해 내려는 어리석음을 비웃는 말이죠. 그렇지만 수 천년 떨어진 물방울이 돌에 구멍을 내듯, 쉽게 깨지는 나약한 달걀으로라도 계속 던지다 보면 언젠가 바위도 깨트릴 수 있지 않을까요? 결과가 뻔해 보이는 일이라도 꼭 해야 하는 일이라면 계속 시도해야죠. 포기하지 않고 시도하다 보면 해결할 수 있는 길이 꼭 보일 것이라는 믿음을 가지고요.

66

두 그림을 보고 서로 다른 5곳을 찾아보세요.

'누워서 떡 먹기'는 매우 쉬운 일을 비유하는 말이에요. '식은 죽 먹기'와 비슷한 말이죠. 그림의 강아지는 누워서 감이 떨어지기를 기다리네요. 이쯤 되면 뭘 먹든 누워서 먹으면 체하는 거 아니냐고 꼭 말하죠. 체할 때 체하더라도 누워서 떡 먹기 문제 좀 풀어보실래요?

◎ 차들이 못 다니는 나라는?   정답: 인도
◎ 세종대왕이 만든 우유는?   정답: 아야어여오요우유

1 단계
2 단계
3 단계
4 단계
5 단계

😊 반전된 그림에서 원래 그림과 다른 5곳을 찾아보세요.

집안의 정리정돈 정말 어렵죠. 머리로는 간단할 것 같은데 막상 하루하루 지저분해지는 방을 보면 아, 정리해야 하는데… 늘 마음이 무거워요. 정리정돈 방법은 사실 다 알고 있어요. 집안에 무엇이 있는지 파악하고, 필요 없는 물건은 미련을 가지지 말고 버리고, 용도에 맞게 분류해 두면 끝이죠. 정리 잘하는 친구를 보면 바구니나 박스를 이용하여 물건들의 크기에 맞는 수납장을 만들어 주더라고요. 영역 표시가 되어 있어야 섞이지 않으니까요. 그 편이 나중에 필요할 때 찾아 쓰기도 좋고, 제자리에 다시 넣어 두기도 편하긴 하죠.

반전된 그림에서 다른 그림 찾기

○ 월 ○ 일

⏱ 풀이시간 4분

4단계 66

😊 반전된 그림에서 원래 그림과 다른 5곳을 찾아보세요.

"누가 그러더라. 세상에서 제일 폭력적인 말이 남자답다, 여자답다, 엄마답다, 의사답다, 뭐 이런 말이라고. 그냥 다 처음 살아보는 인생이라서 서툰 건데, 그래서 안쓰러운 건데, 그래서 실수 좀 해도 되는 건데."

조인성, 공효진, 도경수가 나오는 드라마 〈괜찮아 사랑이야〉에 나온 말이에요. 각자 마음의 상처를 가진 남녀가 만나 사랑하면서 서로의 상처를 치유하고 감싸안는 이야기를 그린 괜찮은 로맨스 드라마예요.

69

여러 그림 중 다른 그림 찾기

 보기와 다른 그림 1개를 찾아 그 번호를 쓰세요.

"나는 어머니의 자부심이다. / 선택의 순간들을 모아 두면 그게 삶이고 인생이 되는 거예요. 매 순간 어떤 선택을 하느냐, 그게 바로 삶의 질을 결정짓는 거 아니겠어요? / 여기선 버티는 게 이기는 거야. 우린 아직 다 미생이거든."

임시완, 이성민, 강소라, 강하늘 등 등장인물 하나하나의 매력이 철철 넘쳤던 드라마 〈미생〉의 명대사 모음이에요. 정말 많은 분들이 인생 드라마로 뽑는 드라마죠.

정답 : _____

"진짜 복수 같은 걸 하고 싶다면 그들보다 나은 인간이 되거라. 분노 말고 실력으로 되갚아줘. 알았니? 니가 바뀌지 않으면 아무것도 바뀌지 않는다."

SBS 〈낭만닥터 김사부〉. 부용주(한석규)가 수술 순서가 뒤로 밀리면서 결국 사망한 아버지에 대한 억울함을 응급실 난동으로 표출한 어린 강동주(윤찬영)에게 한 말이에요. 진짜 복수 같은 걸 하고 싶다면 분노 말고 실력으로 되갚아주라고요.

68번 문제

앞장의 사진을 떠올리며 맞는 쪽에 동그라미 표시하세요.

① 화분에 물을 주는 손은 왼손이다. (그렇다 아니다)

② 꽃의 색깔은 파란색이다. (그렇다 아니다)

③ 화분과 화분 받침대의 색깔은 갈색이다. (그렇다 아니다)

4단계 69 수학 퍼즐 스도쿠

○ 월 ○ 일

🕐 풀이시간 20분

1에서 9까지의 숫자를 겹치지 않게 넣으세요.

스도쿠 문제 풀다가 머리가 안 돌아가면 맞춰 보세요. 잠시 웃고 나면 머리가 맑아져 문제가 술술 풀릴지도 모르는 일이니까요.

◎ 젖먹이들이 좋아하는 역은? 　　　　　　　　　　　　　　　　　정답: 수유역
◎ 가기만 하면 1월 1일이 되는 역은? 　　　　　　　　　　　　　　정답: 신정역
◎ 전광판에 자주 오타가 보이고, 고장이 잦은 역은? 　　　　　　　　정답: 오류역

	2		4		1	9		8
5	9	8	6	7		3		4
4		7	9		8		6	5
2	7			9	3	8	4	
9		5	8	6	4		2	7
	6		4	1	2		5	3	9
7		6	3		9	4	8	
	8	9	2		6		5	1
1	4			8	5	6		3

'나비 효과'는 브라질에 있는 나비의 작은 날갯짓이 미국 텍사스에 토네이도를 발생시킬 수도 있듯이, 미세한 변화나 작은 사건이 추후 예상하지 못한 엄청난 결과로 이어진다는 의미예요. 미국의 기상학자 에드워드 N.로렌츠가 처음으로 발표한 이론이지만 나중에 카오스 이론으로 발전하게 됩니다. 나비 효과는 과학 이론이었으나 사회 현상을 설명하는 광범위한 용어로도 사용되고 있어요.

1 단계

2 단계

3 단계

4 단계

5 단계

수학 퍼즐 스도쿠

4단계 71

○월 ○일

🙂 1에서 9까지의 숫자를 겹치지 않게 넣으세요.

⌕ 풀이시간 20분

스도쿠 문제가 너무 어려우면 수수께끼만 맞추고 넘어가도 좋습니다. '사람은 하고 싶은 것을 해야 행복하다. 그럴 때 스스로 최선을 다할 수 있다.'라고 배우 한석규님도 말한 적이 있어요.

◎ 진짜 문제 투성이인 것은?   정답: 시험지

◎ 보내기 싫으면?   정답: 가위나 바위를 낸다

3		9	7			1	6	5
5	7	1	3	4		8	2	
6		8		1	5			
7	8	5	6		3		4	
		2				9	7	
	1	6	4	7	2	5		3
	9	7	1		4	6	5	8
1			8					2
8	5		2	6	9	4		7

74

연중행사 같은 그림 찾기

○월 ○일

보기와 같은 그림 1개를 찾아 그 번호를 쓰세요.

풀이시간 4분

중학교 때 가정 수업 시간이 남아 30분쯤 고민 상담 시간을 가진 적이 있어요. 제 고민은 '곱슬머리라 속상해요'였어요. 선생님께서 내린 해결책은 곱슬머리여서 파마를 안 해도 되니 얼마나 좋으냐는 거였어요. 이후 그 말은 곱슬머리의 곱슬만 들어도 자동 재생되고 있어요. 그때는 곱슬머리가 가장 큰 고민거리였는데 지금은 귀여운 고민 정도로만 느껴지는 게, 고민의 가장 좋은 해결책은 시간과 생각의 전환이 아닐까 싶네요.

정답 : _____

75

연중행사 같은 그림 찾기

○월 ○일

보기와 모양이 같은 그림 1개를 찾아 그 번호를 쓰세요.

풀이시간 4분

"까치까치 설날은 어저께고요/ 우리우리 설날은 오늘이래요/ 곱고 고운 댕기도 내가 드리고/ 새로 사 온 신발도 내가 신어요"
윤극영 작사 작곡의 〈설날〉이라는 동요예요. 지난해는 까치에게 주고 희망찬 새해를 맞이한다는 의미를 담고 있다네요. 어렸을 때는 설날이 다가오면 두근두근 기대감 같은 게 있었어요. 새 옷을 입고 새 신발을 신을 생각에서 그랬을까요? 우리 아이들에게도 설날이 설레는 마음으로 기다려지는 명절이 되었으면 좋겠네요.

정답 :

돈 세기

 월 ◯ 일

😀 돈이 얼마인지 세어 그 금액을 쓰세요.

⏴ 풀이시간 4분

"후회하기 싫으면 그렇게 살지 말고, 그렇게 살 거면 후회하지 마라."
20대들이 뽑은 힘들었을 때 삶의 지표가 되어준 글귀 중 하나예요. 이문열의《젊은 날의 초상》중에 나오는 말이죠. 과연 후회하지 않는 삶이 존재할까요? 결국 선택은 자신의 몫이므로 나중에 후회하기 싫으면 현재를 열심히 살라는 말이겠죠. 스스로에게 후회라도 남지 않게요.

① 금액 _____ 원

② 금액 _____ 원

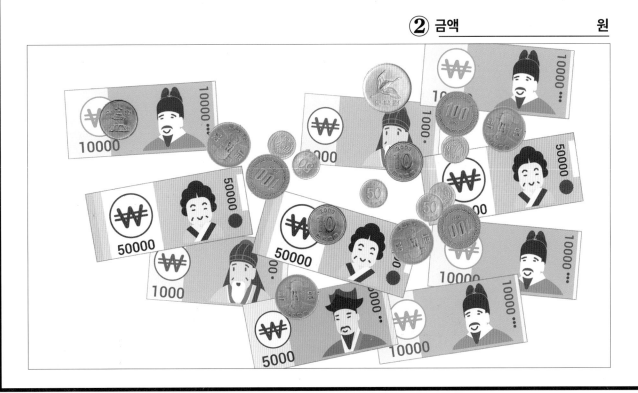

신발을 신기 위해 발과 함께 양말 탐험을 떠나 보세요.

 ◯ 월 ◯ 일

🕐 풀이시간 4분

"출세 만능의 시대. 출세를 위해서라면 양심도 생명도 이해타산에 밀려버리는 시대. 어쩔 수 없다는 변명으로 타인의 희생조차 정당화해버리는 사람들. 힘이 없다는 이유로 힘 있는 자들에게 찍히고 싶지 않아서 반쯤 눈 감은 채 진실을 외면하는 사람들. 그러한 이들의 비겁한 결속력이 기득권이라는 이름으로 세상에 군림하고 있었으니."

SBS 〈낭만닥터 김사부〉 중 김사부(한석규)가 최진호의 계략으로 인해 누명을 썼지만 병원 사람들마저 그를 외면했을 때 나오는 강동주(유연석) 내레이션이에요. 금수저, 흙수저로 사회가 양극화되고 그로 인해 각박해진 현 시대를 꿰뚫는 드라마라는 평에 동의합니다.

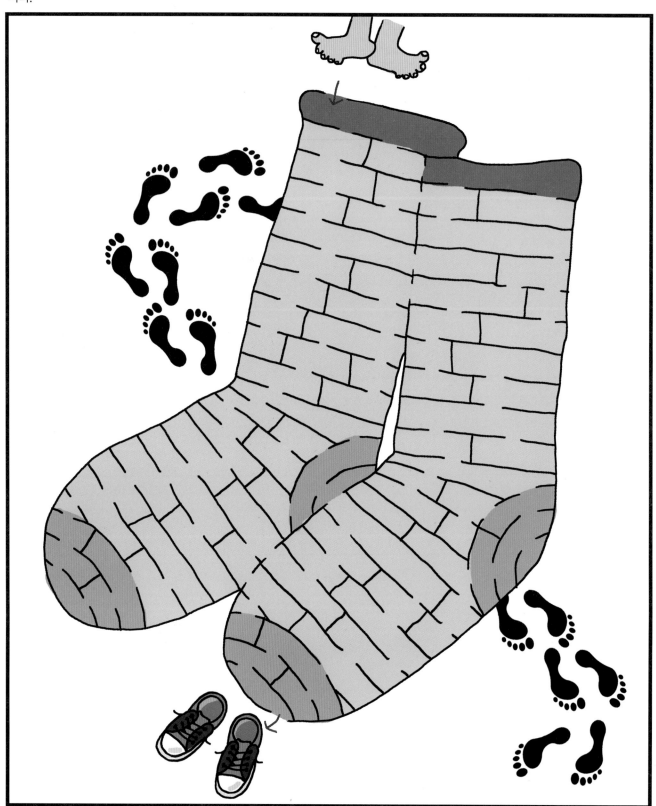

점 잇기

😊 번호를 따라가며 점을 이어 보세요. 점을 이으면 무슨 그림이 완성될까요?

○ 월 ○ 일

⌐ 풀이시간 4분

"저는 여러분 모두에게 묻고 싶습니다. 여러분의 이름은 무엇입니까? 무엇이 여러분의 심장을 뛰게 만듭니까? 여러분의 이야기를 들려주세요. 여러분의 신념을 듣고 싶습니다. 여러분이 누구든, 어느 나라 출신이든, 피부색이 어떻든, 성 정체성이 어떻든, 여러분 자신에 대해 이야기해 주세요. 여러분 자신에 대해 말하면서 여러분의 이름과 목소리를 찾으세요."
방탄소년단(BTS)의 '유엔 7분 연설'이 화제가 되었어요. '나 자신을 사랑하라'는 메시지를 담고 있는 이 연설에서 그들은 더 이상 남의 인생을 살지 말고 자신의 목소리를 내라고 하죠.

여러 그림 중 다른 그림 찾기

 월 ○ 일

보기와 다른 그림 1개를 찾아 그 번호를 쓰세요.

⏱ 풀이시간 4분

고양이 눈에 정신이 혼미해질 때쯤 수수께끼를 풀면서 잠시 쉬어 가세요. 일이 배배 꼬여서 출구를 찾을 수 없었을 때 가끔 의외의 곳이나 사람에게서 답을 쉽게 찾을 때도 있잖아요.

◎ '개가 사람을 가르친다'를 4글자로 하면?　　　　　　　　　　　　　정답: 개인지도
◎ 쥐가 4마리 모이면?　　　　　　　　　　　　　　　　　　　　　　정답: 쥐포

정답 :

여러 그림 중 다른 그림 찾기

 월 ◯ 일

보기와 다른 그림 1개를 찾아 그 번호를 쓰세요.

🕐 풀이시간 4분

"그대여 아무 걱정하지 말아요/ 우리 함께 노래합시다/ 그대 아픈 기억들 모두 그대여/ 그대 가슴에 깊이 묻어버리고/ 지나간 것은 지나간 대로/ 그런 의미가 있죠/ 떠난 이에게 노래하세요/ 후회 없이 사랑했노라 말해요"
전인권의 〈걱정말아요 그대〉를 슈퍼스타K에서는 곽진언과 김필이 불러서 화제를 모았죠. 삶의 무게에 힘든 순간, 잘 알지도 못하는 누군가에게 응원을 받는 기분이 드는 따뜻한 곡이에요. 지나간 것은 지나간 대로 그런 의미가 있다는 말이 나이가 든 지금, 더 와닿네요.

정답 :

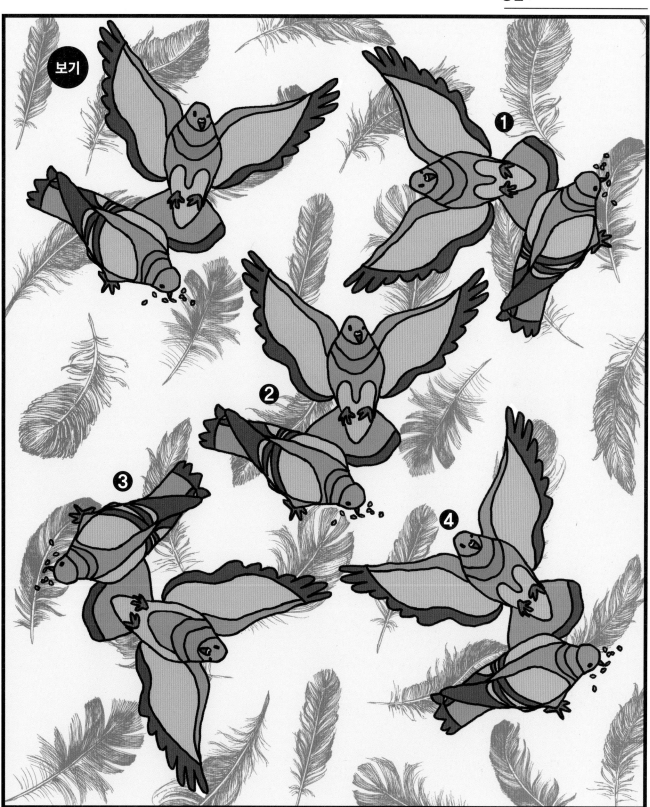

숨은 그림 찾기

 월 일

주어진 숨은 그림 7개를 찾아보세요.

풀이시간 4분

"살아간다는 건 이런 게 아니겠니/ 함께 숨쉬는 마음이 있다는 것/ 그것만큼 든든한 벽은 없을 것 같아/ 그 수많은 시련을 이겨내기 위해서"

〈응답하라 1988〉의 OST로 유명한 노을의 〈함께〉는 김건모, 박광현이 부른 듀엣 곡의 리메이크 버전이에요. 삶이 힘든 순간, 몇 번이나 포기하고 싶은 순간, 그때마다 함께 옆에 있어준 사람들이 있어 다시 힘을 내게 된다는 가사가 언제 들어도 짠하게 다가와요.

숨은 그림

갈매기

강아지발자국

리본

세잎클로버

새머리

붓

책

4단계 80 # 숨은 숫자 찾아내기 🕐 풀이시간 4분 ◯월 ◯일

😊 보기의 숫자들을 찾아보세요. 가로, 세로, 대각선으로 그리고 똑바로 거꾸로도 나열되어 있어요.

3	2	5	7	8	9	0	3	2	1	4
6	8	5	0	3	6	9	3	5	3	9
5	9	3	3	1	2	4	6	9	8	2
3	1	6	1	3	5	8	3	2	9	3
3	9	3	5	7	8	0	1	8	6	3
1	0	3	2	3	5	0	2	4	9	3
8	3	4	0	3	7	5	3	0	3	6
3	7	8	3	1	7	4	8	0	3	7
0	1	2	3	3	4	5	6	7	8	9

예시

3569

보기

0510
0375
8133
3643
2592
5433
3098

 4단계 81 # 숨은 숫자 찾아내기 🕐 풀이시간 4분 ◯월 ◯일

😊 보기의 숫자들을 찾아보세요. 가로, 세로, 대각선으로 그리고 똑바로 거꾸로도 나열되어 있어요.

1	2	3	4	5	6	0	7	8	9	4
2	8	1	0	2	6	9	3	0	3	1
3	9	2	3	1	2	4	6	9	8	2
4	7	6	1	3	5	0	3	2	2	3
5	4	3	5	6	8	4	1	8	1	0
6	0	6	7	3	5	0	2	1	9	3
7	3	5	0	8	2	5	3	0	5	6
8	9	0	5	1	7	4	1	0	3	7
0	1	2	3	4	4	2	6	7	8	9

보기

5643
9303
3213
6502
4567
6244
6326

같은 그림자 찾기

 보기와 같은 그림자를 찾아 그 번호를 쓰세요.

 월 ○ 일

풀이시간 3분

"'앞'에서 할 수 없는 말은 '뒤'에서도 하지 마라. / '말'을 독점하면 '적'이 많아진다."
유재석의 소통의 법칙 10가지 중에서 뽑은 말이에요. 참 와닿는 말이라 꼭 소개하고 싶었어요. 맞아요, 뒷말이 가장 나쁘니까요.
당사자 앞에서 할 수 없는 말을 뒤에서 하면 나중에 꼭 탈이 나죠. 좋은 말이든 나쁜 말이든 말은 적게 하고 많이 듣는 것이 소통의
기본 법칙이니까요. 많이 들으면 들을수록 내 편이 많아진다고 하니 말하기 전에는 꼭 다시 한번 생각하고 말해야겠어요.

"목소리의 '톤'이 높아질수록 '뜻'은 왜곡된다. / '귀'를 훔치지 말고 '가슴'을 흔드는 말을 해라. / 내가 '하고' 싶어하는 말보다, 상대방이 '듣고' 싶은 말을 해라."

유재석의 소통의 법칙 10가지 중에서. 목소리의 톤이 높아진다는 말은 '흥분하지 마라'라는 말이에요. 낮은 목소리에 힘이 있다고요. 사람의 귀를 훔치지 말고 가슴을 흔드는 말을 하라는 말은 '듣기 좋은 소리보다 마음에 남는 말을 하라'는 의미고요. 마지막은 상대방에게 아무 도움 안 되는 쓸데없는 불필요한 소리는 하지 말라는 말이에요.

1 단계
2 단계
3 단계
4 단계
5 단계

숨은 그림 찾기

보기의 사람을 찾아보세요.

보기

"칭찬에 '발'이 달렸다면, 험담에는 '날개'가 달려있다. 말을 '혀'로만 하지 말고 '눈'과 '표정'으로 말해라. / 입술의 '30초'가 마음의 '30년'이 된다. / '혀'를 다스리는 건 나 자신이지만, 내뱉어진 '말'은 나를 다스린다."
유재석의 소통의 법칙 10가지 중 하나. '이거 말하지 마.'라면서 한 말은 반드시 남의 귀에 들어가기 마련이에요. 허물은 덮어주고 칭찬은 자주 하고, 한 번 말한 것은 책임지라고 하네요. 역시 국민MC!

숨은 그림 찾기

5단계 85

○ 월 ○ 일

🕐 풀이시간 3분

😮 보기의 사람을 찾아보세요.

보기

"곧은 길만이 길은 아닙니다/ 빛나는 길만이 길은 아닙니다/ 굽이 돌아가는 길이 멀고 쓰라릴 지라도/ 그래서 더 깊어지고 환해져 오는 길/ 서둘지 말고 가는 것입니다/ 서로가 길이 되어 가는 것입니다/ 생을 두고 끝까지 가는 것입니다"

'굽이 돌아가는 길'은 박노해 시인의 옥중 사색 《사람만이 희망이다》에 수록된 시예요. 지금 가는 길이 굽이 돌아가는 길일지라도 신념을 가지고 생을 두고 끝까지 가야겠다는 생각이 들게 하는 시네요.

월 일

보기와 같은 사람을 찾아보세요.

🕐 풀이시간 3분

 보기

보기와 같은 사람을 찾다가 어지러울 때 풀어 보세요. 이십 대에 일본에 어학연수를 갔을 때예요. 고등학교 때의 담임선생님께서 '한 곳에서, 한 분야에서 소처럼 열심히 하거라.'라고 걱정이 한가득 담긴 편지를 보내셨더라고요. 마음이 어지러울 때 길잡이가 되곤 했던 말이에요.

◎ 한 입 베어먹은 사과는?   정답: 파인애플
◎ 딸기가 직장을 잃으면?   정답: 딸기 시럽

숨은 그림 찾기

보기와 같은 사람을 찾아보세요.

○ 월 ○ 일

🕐 풀이시간 3분

사람 찾기 힘들면 수수께끼만 풀고 다음 장으로 넘어가도 됩니다. 답이 이해가 안 갈 때는 문제와 답을 소리 내서 한번 읽어 보세요. 감정을 넣어서 읽어야 합니다.

보기

◎ 차를 발로 차면?

◎ 신발이 화를 내면?

◎ 고인돌이란?

정답: 카놀라유~

정답: 신발끈

정답: 고릴라가 인간을 돌멩이 취급하던 시대

1 단계

2 단계

3 단계

4 단계

5 단계

일상생활 같은 그림 찾기

◯ 월 ◯ 일

🕐 풀이시간 3분

보기와 같은 그림 1개를 찾아 그 번호를 쓰세요.

빨리 찾은 분은 수수께끼를 풀어 보세요. 오른쪽 정답을 손으로 가리고 맞춰보는 센스! 마음에 드는 문제는 친구에게 뜬금없이 맞추라고 내 보세요. 웃어주면 진정한 친구.

◎ 우리나라에서 가장 오래된 공중화장실은?

◎ 서울 시민 모두가 동시에 외치면 무슨 말이 될까?

정답: 전봇대

정답: 천만의 말씀 ※서울 시민이 천만 명이기 때문에

정답 :

○ 월 ○ 일

🕐 풀이시간 3분

😊 보기와 같은 그림 1개를 찾아 그 번호를 쓰세요.

오늘은 안 웃겨도 내일 보면 빵 터질 수 있는 수수께끼예요. 문제를 풀다가 좀 쉬어가고 싶을 때 풀어 보세요. 답이 이해가 안 가면 소리 내서 읽어 보세요.

◎ 아프지도 않은데 매일 쓰는 약은?　　　　　　　　　　　　　　정답: 치약
◎ 모든 사람을 전부 일어나게 만드는 숫자는?　　　　　　　　　정답: 다섯

정답 : _____

1 단계
2 단계
3 단계
4 단계
5 단계

91

미로 찾기

 도토리가 있는 곳으로 찾아갈 수 있는 동물은 누구일까요?

◯월 ◯일

🕐 풀이시간 3분

예쁜 낙엽을 밤새 세찬 바람이 다 날려버렸네요. 이래저래 아쉬운 마음을 달래줄 퀴즈입니다. 미로에서 잘 빠져 나왔을 때 풀어 보세요.

◎ 동물 중에서 가장 비싼 동물은?
정답: 백조

◎ 동생과 형이 싸우는데 엄마가 동생 편을 드는 세상은?
정답: 형편없는 세상

비가 오면 개굴개굴 우는 청개구리 사연, 누구나 알고 있죠? 부모의 말이라면 무조건 반대로만 하던 청개구리 때문에 애를 태우던 청개구리 엄마가, 죽기 전에 내가 죽으면 냇가에 묻어 달라고 말했다죠. 그래야 산에 묻히겠구나 싶어서요. 그런데 막상 엄마 개구리가 죽자, 그때서야 불효를 뉘우친 청개구리는 엄마 개구리를 유언대로 냇가에 묻죠. 그 뒤 비가 오면 엄마 무덤이 떠내려 갈까 봐 걱정이 돼, 비만 오면 슬피 운다는 스토리예요. 우리, 부모님 살아계실 때 잘하기로 해요.

여러 그림 중 다른 그림 찾기

 보기와 다른 그림 1개를 찾아 그 번호를 쓰세요.

 월 ◯ 일

⏱ 풀이시간 3분

오늘은 안 웃겨도 내일 보면 빵 터질 수 있는 수수께끼예요. 다른 그림을 찾다가 에라 모르겠다 싶을 때 풀어 보세요. 답이 이해가 안 가면 소리 내서 읽어 보세요.

◎ '방귀 뀌지 마'를 영어로 하면?   정답: **돈까스**
◎ 논리적인 사람이 총을 쏘면?   정답: **타당타당**

정답:

사진 기억하고 문제 풀기

20초간 사진을 유심히 보고 뒷장에 있는 문제를 풀어 보세요.

 관찰시간 20초

공들이 신세 한탄을 하고 있었대요.
배구공: 난 전생에 무슨 죄를 졌는지 허구헌 날 싸다구 맞고 산다. 젠장.
축구공: 넌 다행이다. 난 맨날 발로 까여, 머리로 받쳐, 더럽고 서러워서 못 살겠어.
탁구공: 난 밥주걱 같은 걸로 밥상 위에서 때리고, 깎고, 돌리고… 아주 죽겠어.
골프공: (이 넋두리를 묵묵히 듣고 있다가) 니들… 쇠몽둥이로 맞아봤냐?

5단계
94

수학 퍼즐 스도쿠

1에서 9까지의 숫자를 겹치지 않게 넣으세요.

○ 월 ○ 일

🕐 **풀이시간 20분**

스도쿠 문제가 어려우면 수수께끼만 풀고 넘어가세요. 뭐라도 풀면 두뇌 운동이 되니까요. 하늘은 맑고 눈앞에는 낙엽이 보이고 커피 향이 솔솔 나는, 오늘은 그런 행복한 아침이네요.

◎ '우리에게 내일은 없다'는 누가 한 말인가?　　　　　　　　　　　　　정답: 하루살이

◎ 체육시간에 피구를 하다 한 학생이 죽었다. 왜 죽었을까?　　　　　　정답: 금 밟아서

	3		8		4	1	5	9
1			6		2	4	8	3
5		4	9		3	7		
4				5		6		2
	2	4						1
9		7	2	6		3	4	8
	4			9	6		3	
6	9	5	3	2	7	8	1	
		3		4		9		5

그림의 시간은 새벽일까요? 초저녁일까요? 수수께끼라도 풀면서 빙긋 미소 짓는 시간 되세요. 답이 이해가 안 되실 때는 소리 내서 읽어보시는 거 잊지 마시고요.

◎ 날마다 이상한 것을 보는 사람은?　　　　　　　　　　　　　　정답: 치과의사
◎ 토끼가 제일 잘하는 특기는?　　　　　　　　　　　　　　　　정답: 토끼기

1단계
2단계
3단계
4단계
5단계

앞장의 사진을 떠올리며 맞는 쪽에 동그라미 표시하세요.

① 벽시계의 시간은 6:05다. (그렇다 아니다)

② 노란 쿠션은 하얀 쿠션 앞에 있다. (그렇다 아니다)

③ 탁자가 두 개 있고, 키가 더 큰 탁자 위에 화분이 놓여져 있다. (그렇다 아니다)

5단계
96

수학 퍼즐 스도쿠

◯ 월 ◯ 일

🕐 풀이시간 20분

1에서 9까지의 숫자를 겹치지 않게 넣으세요.

어떤 사람에게는 짜릿한 문제가 다른 사람에게는 짜증나는 문제로 다가올 수 있죠. 사람은 다 다르니까요. 이 문제를 보고 짜증이 나면 수수께끼만 풀고 넘어가도 좋습니다.

◎ 원숭이를 불에 구우면? 정답: 구운몽
◎ 동양을 영어로 하면 오리엔트, 서양은? 정답: 미쓰서

	3	6	7		9	8		2
	2	5	6		3			
		9		4		3		1
6	4	7		2	1		8	5
				9	6			7
2	9	8		5		6	1	
				1	2			6
3		5	1		8	2	7	9
9		2	5	3	7	1	4	

각각의 퍼즐을 찾아서 괄호 안에 그 번호를 쓰세요.

🕐 풀이시간 3분

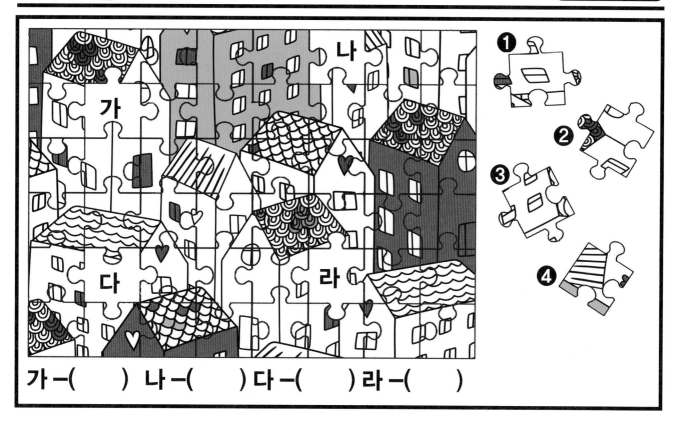

가 -(   ) 나 -(   ) 다 -(   ) 라 -(   )

각각의 퍼즐을 찾아서 괄호 안에 그 번호를 쓰세요.

🕐 풀이시간 3분

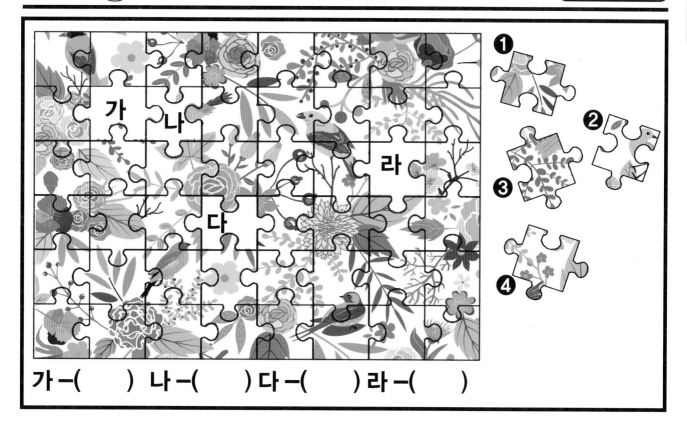

가 -(   ) 나 -(   ) 다 -(   ) 라 -(   )

1단계
2단계
3단계
4단계
5단계

😊 보기와 같은 그림 1개를 찾아 그 번호를 쓰세요.

11월이 되면 편의점 앞에 화려한 포장을 한 빼빼로가 나오기 시작하죠. 친구나 연인, 또는 지인들끼리 '빼빼로' 과자를 주고받는 11월 11일은 바로 빼빼로데이. 원래 숫자 '1'을 닮은 가늘고 길쭉한 과자 '빼빼로'처럼 날씬해지라는 의미에서 친구들끼리 빼빼로 과자를 주고받던 데에서 시작됐는데, 이후 제과 회사의 마케팅 활동이 더해져 일반인들에게까지 확산된 사례라고 하네요. 광고의 힘, 무섭죠?

정답 :

😊 보기와 같은 그림 1개를 찾아 그 번호를 쓰세요.

화는 되도록 내지 않는 게 건강에 좋다고들 하죠. 여러분은 치밀어 오르는 화를 어떻게 억누르세요? 어디선가 읽은 내용인데 화가 난다는 생각이 들었을 때 '6초만 생각을 정지'시키면 화를 참을 수 있다고 해요. 생각을 정지시키는 방법은 여러 가지가 있는데, 그 중 가장 효과적인 방법은 머릿속에 '생각 스위치'를 만드는 거래요. 그래서 화를 느꼈을 때 바로 그 스위치를 눌러 6초 동안 생각을 꺼버리는 거죠. 6초간 생각을 꺼버리는 초간단 방법, 화가 날 때 한번 시도해 보실래요?

정답 :

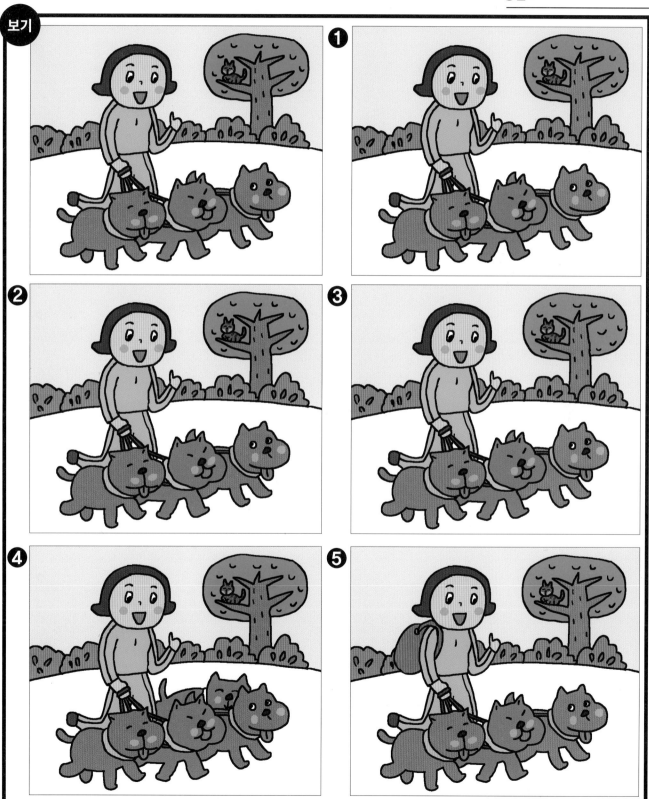

1단계 정답

1 4p ⑥   **2** 5p ④   **3** 6p

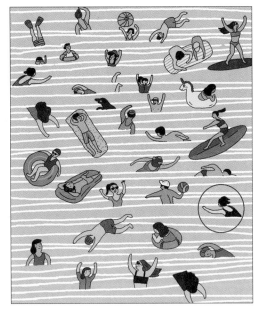

4 7p

5 8p

6 10p ① 아니다
② 아니다
③ 그렇다

8 12p ① 그렇다
② 아니다
③ 아니다

7 10p

1	3	5	4	6	9	2	7	8
7	8	2	1	3	5	6	4	9
4	6	9	2	7	8	1	3	5
3	2	1	5	4	6	8	9	7
8	7	4	9	1	3	5	2	6
5	9	6	8	2	7	4	1	3
9	1	7	6	5	2	3	8	4
6	4	3	7	8	1	9	5	2
2	5	8	3	9	4	7	6	1

9 12p

7	2	9	6	1	4	8	5	3
1	8	6	5	7	3	9	4	2
5	3	4	8	9	2	1	6	7
6	9	2	4	5	7	3	1	8
3	7	8	1	2	6	4	9	5
4	1	5	3	8	9	7	2	6
2	4	3	9	6	8	5	7	1
8	5	7	2	4	1	6	3	9
9	6	1	7	3	5	2	8	4

10 13p ③   **11** 14p ②   **12** 15p ① 1,480 원
② 191,000 원

13 16p

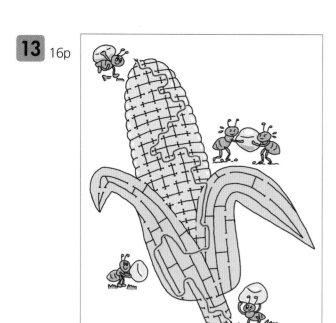

14 17p

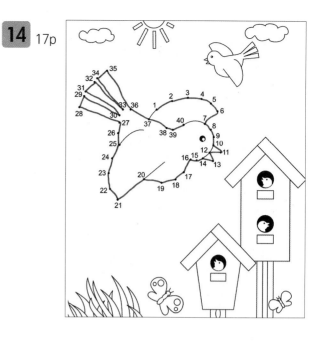

15 18p

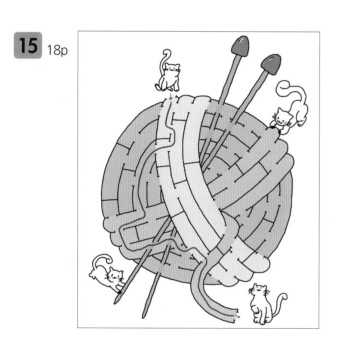

16 19p

17 20p

18 21p

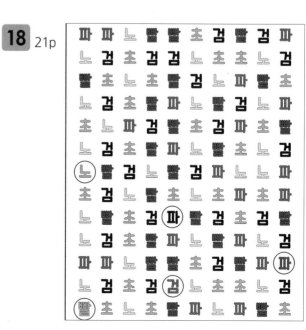

19 22p

20 23p

2단계 정답

21 24p ❹   **22** 25p ❸   **23** 26p ❸   **24** 27p ❸

25 28p

26 30p ① 아니다
② 아니다
③ 아니다

28 32p ① 그렇다
② 아니다
③ 그렇다

27 30p

4+1 →						→ 3
2+2 →						→ 2
7-5 →						→ 5
9-6 →						→ 4

29 32p

1	3	5	4	6	9	2	7	8
7	8	2	1	3	5	6	4	9
4	6	9	2	7	8	1	3	5
3	2	1	5	4	6	8	9	7
8	7	4	9	1	3	5	2	6
5	9	6	8	2	7	4	1	3
9	1	7	6	5	2	3	8	4
6	4	3	7	8	1	9	5	2
2	5	8	3	9	4	7	6	1

30 34p ① 아니다
② 그렇다
③ 그렇다

31 34p

9	1	6	7	3	2	8	5	4
4	5	7	9	8	1	6	2	3
3	2	8	5	4	6	7	1	9
1	4	3	6	5	7	9	8	2
7	8	2	4	1	9	5	3	6
6	9	5	8	2	3	1	4	7
5	3	9	2	6	8	4	7	1
8	7	1	3	9	4	2	6	5
2	6	4	1	7	5	3	9	8

32 35p **⑤**

33 36p **③**

34 37p ① 2,000 원
② 257,000 원

35 38p

36 39p

39 42p

37 40p **⑤**

38 41p **④**

3단계 정답

---

41 44p **⑤**

42 45p **②**

43 46p **③**

44 47p **③**

45 48p

46 50p ① 아니다
② 아니다
③ 아니다

47 50p

4	3	6	1	7	9	8	5	2
1	2	5	6	8	3	7	9	4
7	8	9	2	4	5	3	6	1
6	4	7	3	2	1	9	8	5
5	1	3	8	9	6	4	2	7
2	9	8	7	5	4	6	1	3
8	7	4	9	1	2	5	3	6
3	5	1	4	6	8	2	7	9
9	6	2	5	3	7	1	4	8

48 52p
① 아니다
② 그렇다
③ 아니다

49 52p

7	5	4	1	3	9	8	6	2
6	1	2	5	4	8	7	9	3
8	9	3	2	6	7	5	1	4
3	2	9	8	7	6	4	5	1
4	7	1	9	5	3	6	2	8
5	6	8	4	1	2	3	7	9
9	8	5	6	2	4	1	3	7
1	4	7	3	9	5	2	8	6
2	3	6	7	8	1	9	4	5

50 53p
① 자 , 라   ② 바 , 다
③ 가 , 나   ④ 차 , 사

51 54p ❺

52 55p
① 2,800 원
② 307,800 원

53 56p

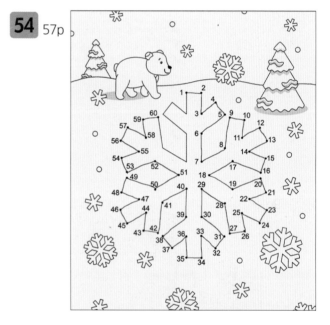

54 57p

55 58p ❷   **56** 59p ❸

57 60p

59 62p

60 63p

4단계 정답

61 64p ❶   **62** 65p ❻   **63** 66p

64 67p

65 68p

66 69p

67 70p ❸   **68** 72p ① 아니다
                          ② 아니다
                          ③ 아니다

70 74p ① 아니다
            ② 그렇다
            ③ 아니다

69 72p

6	2	3	4	5	1	9	7	8
5	9	8	6	7	2	3	1	4
4	1	7	9	3	8	2	6	5
2	7	1	5	9	3	8	4	6
9	3	5	8	6	4	1	2	7
8	6	4	1	2	7	5	3	9
7	5	6	3	1	9	4	8	2
3	8	9	2	4	6	7	5	1
1	4	2	7	8	5	6	9	3

71 74p

3	4	9	7	2	8	1	6	5
5	7	1	3	4	6	8	2	9
6	2	8	9	1	5	7	3	4
7	8	5	6	9	3	2	4	1
4	3	2	5	8	1	9	7	6
9	1	6	4	7	2	5	8	3
2	9	7	1	3	4	6	5	8
1	6	4	8	5	7	3	9	2
8	5	3	2	6	9	4	1	7

72 75p ❹   **73** 76p ❷

74 77p ① 228,420 원
② 198,530 원

75 78p

76 79p

77 80p ❶   **78** 81p ❸

79 82p

80 83p

3	2	5	7	8	9	0	3	2	1	4
6	8	5	0	3	6	9	3	5	3	9
5	9	3	3	1	2	4	6	9	8	2
3	1	6	1	3	5	8	3	2	9	3
3	9	3	5	7	8	0	1	8	6	3
1	0	3	2	3	5	0	2	4	9	3
8	3	4	0	3	7	5	3	0	3	6
3	7	8	3	1	7	4	8	0	3	7
0	1	2	3	3	4	5	6	7	8	9

81 83p

1	2	3	4	5	6	0	7	8	9	4
2	8	1	0	2	6	9	3	0	3	1
3	9	2	3	1	2	4	6	9	8	2
4	7	6	1	3	5	0	3	2	2	3
5	4	3	5	6	8	4	1	8	1	0
6	0	6	7	3	5	0	2	1	9	3
7	3	5	0	8	2	5	3	0	5	6
8	9	0	5	1	7	4	1	0	3	7
0	1	2	3	4	4	2	6	7	8	9

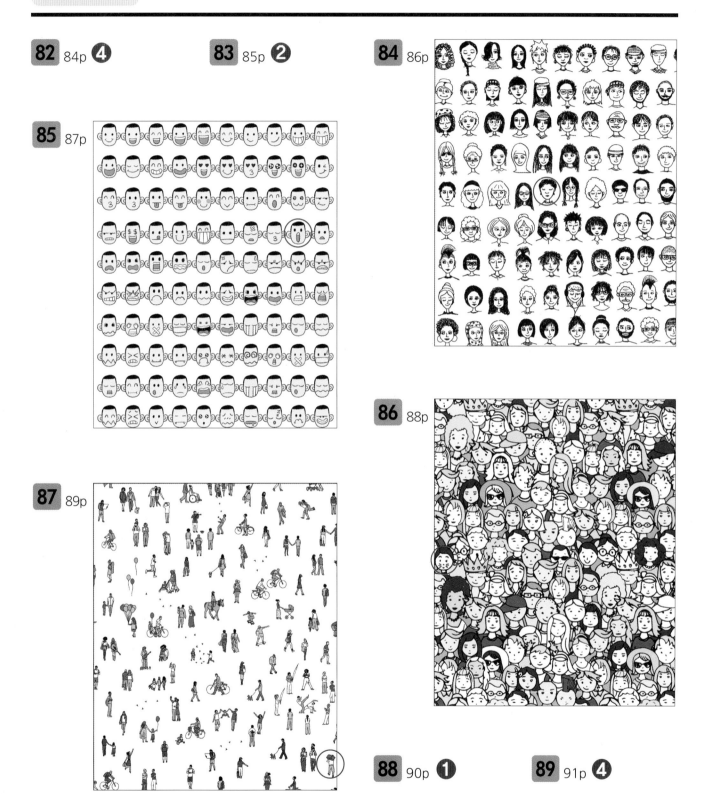

82 84p ④   **83** 85p ②

84 86p

85 87p

87 89p

86 88p

88 90p ①   **89** 91p ④

90 92p

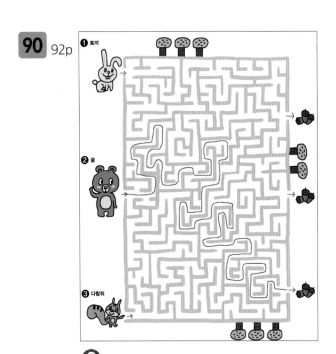

❶ 토끼
❷ 곰
❸ 다람쥐

❷

91 93p

92 94p ❸

93 96p
① 아니다
② 아니다
③ 그렇다

94 96p

2	3	6	8	7	4	1	5	9
1	7	9	6	5	2	4	8	3
5	8	4	9	1	3	7	2	6
4	1	8	7	3	5	6	9	2
3	6	2	4	8	9	5	7	1
9	5	7	2	6	1	3	4	8
8	4	1	5	9	6	2	3	7
6	9	5	3	2	7	8	1	4
7	2	3	1	4	8	9	6	5

95 98p
① 아니다
② 아니다
③ 그렇다

96 98p

4	3	6	1	7	9	8	5	2
1	2	5	6	8	3	7	9	4
7	8	9	2	4	5	3	6	1
6	4	7	3	2	1	9	8	5
5	1	3	8	9	6	4	2	7
2	9	8	7	5	4	6	1	3
8	7	4	9	1	2	5	3	6
3	5	1	4	6	8	2	7	9
9	6	2	5	3	7	1	4	8

97 99p 가 -(❷) 나 -(❹)
다 -(❸) 라 -(❶)

98 99p 가 -(❸) 나 -(❷)
다 -(❶) 라 -(❹)

99 100p ❹   **100** 101p ❷

똑똑해진 기분이야 ～～

두뇌놀이 100개!
숨은 그림 찾기, 다른 그림 찾기 등
재밌겠다

6 쇄 발 행   2022년 1월 10일

기   획   소확행을 찾는 사람들

펴 낸 이   임형경
펴 낸 곳   라즈베리
마 케 팅   김민석
디자인·그림   홍수미
편   집   임단비, 박숙희

등   록   제2014-33호
주   소   (우 132-873) 서울 도봉구 해등로 286-5, 101-905
대 표 전 화   02-955-2165
팩   스   0504-088-9913
홈 페 이 지   www.raspberrybooks.co.kr

I S B N   979-11-87152-24-8 (13690)